BASURA Y RECICLAJE

ROSIE HARLOW Y SALLY MORGAN

EDITORIAL EVEREST, S. A.

Madrid • León • Barcelona • Sevilla • Granada • Valencia
Zaragoza • Las Palmas de Gran Canaria • La Coruña
Palma de Mallorca • Alicante • México • Lisboa

Título original: Young Discoverers (Rubbish and Recicling, Pollution and Waste, Energy and Power & Nature at Risk)

Editor de la colección: Jilly MacLeod

Diseñadores: Ben White y Shaun Barlow

Editor artístico: Val Wright

Autores: Rosie Harlow y Sally Morgan

Traductora: Marisa Rodríguez

Documentación fotográfica: Elaine Willis

Diseño de cubierta: Alfredo Anievas

Ilustradores: Julian Baker, Peter Bull, Richard Draper, Deborah Kindred, Janos Murffy, Mike Saunders, Ian Thompson, Richard Ward, Dan Wright, Derek Brazell, Chris Forsey, John Butler, Angelika Elsebach, Ruth Lindsay, Eric Robson, Ann Winterbotham.

Fotografías: Ecoscene (E. Needham, Wilkinson, Blowfield, Gryniewicz, A. Towse, J. Millership, Hibbert, N. Hawkes, Harwood, Jones, Winkley, Morgan, Glover, Cooper, Jones, W. Lawler, E. Schaffer), Evergreen Recycled Fashions, Robert Harding Picture Library, NHPA (D. Woodfall, E, Soder, J. Blanco, R. Tidman, M. Wendler), Science Photo Library (M. Bond, A. Bartel, H. Morgan, F. Garradd, D. Lovegrove, US Dept. of Energy, H. Morgan) Panos Picture (R. Giling), Greenpeace (Morgan), Oxford Scientific Films (L. Lee Rue).

PRIMERA EDICIÓN, tercera reimpresión, 1997
© Larousse plc y EDITORIAL EVEREST, S. A.
Carretera León-La Coruña, km 5 - LEÓN
ISBN: 84-241-1965-7 (Tomo III)
ISBN: 84-241-1989-4 (Obra completa)
Depósito legal: LE. 544-1996
Printed in Spain - Impreso en España

EDITORIAL EVERGRÁFICAS, S. L.
Carretera León-La Coruña, km 5
LEÓN (España)

Sobre este capítulo

Este capítulo trata sobre los problemas derivados de producir demasiada basura y explica cómo el reciclaje puede contribuir a hacer de nuestro medio ambiente un lugar más limpio y seguro. También te da muchas ideas nuevas y experimentos sobre cómo reducir, reutilizar y reciclar nuestros desperdicios.

Podrás encontrar casi todo lo que necesitas para hacerlo en tu propia casa. Protégete con guantes de goma siempre que manejes basura.

Trucos para las actividades
• Antes de empezar un experimento, lee las instrucciones con atención y prepara todo lo necesario.
• Cuando hayas acabado, recoge todo, especialmente los objetos afilados como cuchillos y tijeras, y lávate las manos.

• Vas a empezar un cuaderno especial. Anota en él lo que haces y los resultados obtenidos en cada proyecto.

Contenido

¡Vaya desperdicio!

La gente produce montones de basura. En todo el mundo, creamos un billón de toneladas cada año. Incluso los cavernícolas la producían. Sus cavernas pronto se llenaron de huesos, madera y otros desperdicios, por lo que cada poco debían buscar una nueva morada. Hoy en día tiramos más basura que nunca. Pero muchas de las cosas que consideramos basura no lo son. Están hechas de materias valiosas procedentes de la naturaleza (llamadas materias primas) que podrían utilizarse de nuevo.

Coches desechados

En EE UU, se desguazan más de siete millones de coches cada año. Los metales se reciclan, pero quedan muchos desechos como neumáticos.

En lugar de tirarse, gran parte de la basura que ves podría reutilizarse o reciclarse para hacer cosas nuevas. Esto significaría extraer menos materias primas de nuestro medio ambiente.

desechos de restaurante

basura

desechos domésticos

desechos de garaje

Hazlo tú mismo

Investiga envoltorios.

Gran parte de la basura que tiramos procede de envoltorios: los materiales que utilizamos para envolver comida y otros artículos que compramos en las tiendas. La próxima vez que alguien de tu familia vaya de compras, cuenta el número de capas de envoltorio de algunos artículos. El paquete protege el producto y lo hace atractivo. Pero en ocasiones descubrirás que hay muchas capas innecesarias.

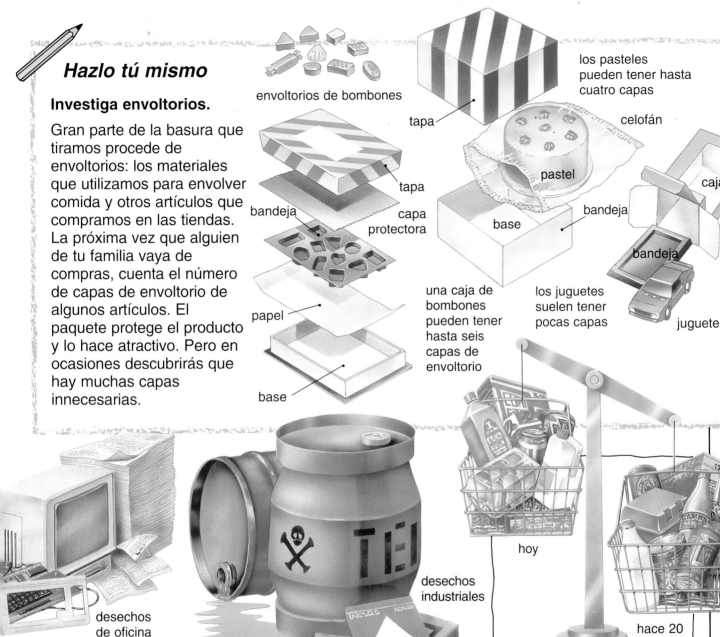

envoltorios de bombones

tapa

tapa

bandeja

capa protectora

papel

base

los pasteles pueden tener hasta cuatro capas

celofán

pastel

base

bandeja

una caja de bombones pueden tener hasta seis capas de envoltorio

caja

bandeja

los juguetes suelen tener pocas capas

juguete

desechos de oficina

desechos industriales

hoy

hace 20 años

desechos comerciales

Éstas son algunas de las cosas que consideramos desperdicios. Sin embargo, el auténtico desperdicio es tirar materiales valiosos como papel, cristal, madera y metales. Incluso la basura de la cocina se puede reutilizar.

Más ligero

En los últimos 20 años, el empaquetado utilizado en los productos alimenticios se ha hecho un tercio más ligero. Esto contribuye a reducir los desechos y a ahorrar energía.

5

¿Dónde va?

Cada día, ponemos la basura en contenedores para su recogida. La mayor parte acaba enterrada en un vertedero. Se trata de un gran agujero en la tierra, como una cantera o un arenal en desuso. Pero enterrar la basura ocupa mucho espacio y daña el paisaje. En ocasiones, la basura se lleva a una planta incineradora donde se quema. El calor producido puede utilizarse para producir electricidad para los hogares. Sin embargo, quemarla produce humos dañinos que contaminan el aire.

Energía del desecho

Quemar basura para crear electricidad es una forma útil de librarse de los desechos. La basura de un cubo puede generar tanta electricidad como un saco de carbón.

No toda la basura es desperdicio. La basura en descomposición despide gas metano, que puede quemarse para producir electricidad. Los desechos de la cocina y el jardín pueden transformarse en abono. Y muchos materiales pueden reciclarse.

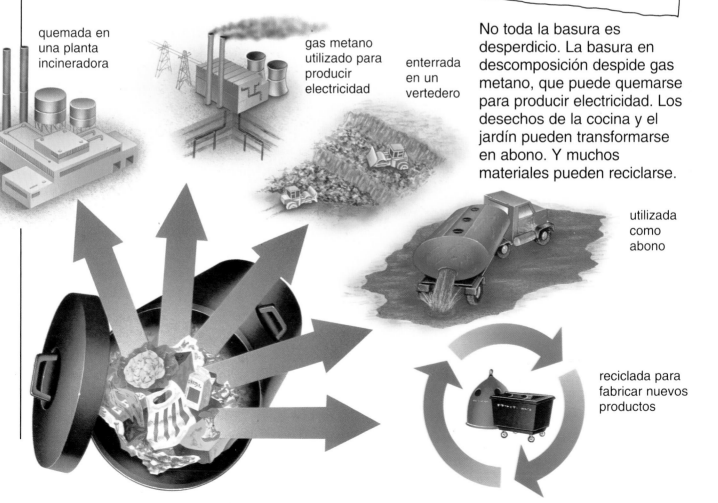

quemada en una planta incineradora

gas metano utilizado para producir electricidad

enterrada en un vertedero

utilizada como abono

reciclada para fabricar nuevos productos

La basura arrojada en un vertedero se aplasta antes de echar más basura encima. Con el tiempo, el agujero se llena por completo. Entonces puede cubrirse con tierra y convertirse en un parque o área deportiva.

Reciclar es una buena forma de ayudar al planeta. Ahorra energía, materiales y terrenos que serían utilizados como vertederos. También reduce la contaminación.

Hazlo tú mismo

Haz una limpieza benéfica.

Las sociedades benéficas recogen numerosos artículos que, de otro modo, se tirarían. Localiza alguna asociación benéfica y haz una limpieza en casa. En lugar de convertirse en cenizas, tu basura podría ayudar a alguien.

monedas extranjeras

tarjetas de Navidad

libros viejos

tarjetas telefónicas usadas

agujas de lana viejas

discos y cintas viejos

sellos usados

latas de bebidas

7

Reciclaje natural

¿Te has dado cuenta de que en los bosques nunca se ven enormes montones de árboles y animales muertos? Esto es debido a que las materias naturales se descomponen y reciclan con rapidez. Estas materias se denominan biodegradables. La naturaleza es una excelente recicladora, así que nada se desperdicia. Los gusanos, hongos y bacterias microscópicas son importantes porque su función es descomponer los desperdicios. Se llaman descompositores.

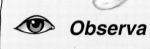
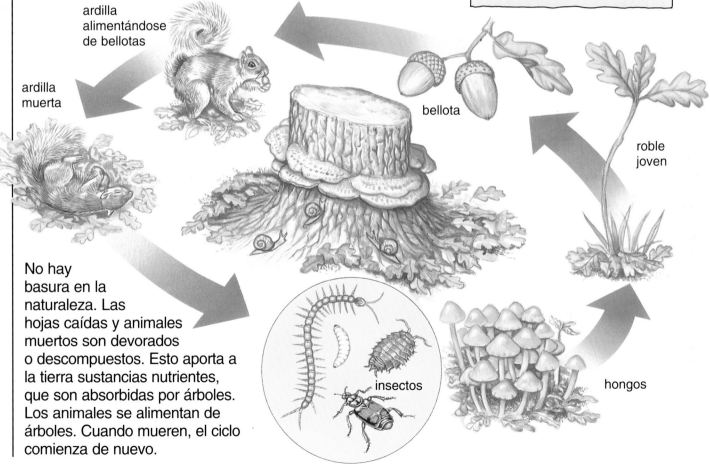

ardilla alimentándose de bellotas

ardilla muerta

bellota

roble joven

No hay basura en la naturaleza. Las hojas caídas y animales muertos son devorados o descompuestos. Esto aporta a la tierra sustancias nutrientes, que son absorbidas por árboles. Los animales se alimentan de árboles. Cuando mueren, el ciclo comienza de nuevo.

insectos

hongos

Hazlo tú mismo

Captura algunos insectos descompositores con este sencillo método.

1. Corta un trozo de papel grueso de aproximadamente 30 cm x 20 cm. Enróllalo como un embudo y pégalo con cinta adhesiva. El agujero inferior debería tener 1 cm de diámetro.

haz un embudo con el papel

tarro de cristal
cartulina negra   papel tisú

papel grueso   cinta adhesiva

2. Coloca papel tisú mojado en el fondo de un bote de cristal y rodea el bote con un trozo de cartulina negra. Pon el embudo en el bote.

3. Recoge hojas caídas. (La mezcla húmeda de hojas podridas y tierra.)

Gusanos laboriosos

Los gusanos son excelentes recicladores. Se alimentan de materia muerta que encuentran en la tierra. Esto ayuda a descomponer la materia para que pueda ser reutilizada por las plantas.

4. Llena el embudo de hojas y coloca el bote bajo una lámpara con luz potente durante dos horas. Los insectos prefieren los lugares oscuros y húmedos, así que los tuyos intentarán alejarse del calor y la luz de la lámpara. Pronto caerán al bote por el agujero del embudo.

Más cosas para intentar

Construye un hogar para tus descompositores con un bote de cristal tumbado. Haz agujeros para respirar en la tapa y mete algo de tierra, madera podrida y hojas. Añade alimentos como mondas de manzana o patata y mantén húmeda la tierra. Tapa el tarro con un trapo oscuro. Devuelve las criaturas a su hábitat natural después de unos días.

insectos descompositores

hogar de los descompositores

Basura que no se descompone

Si dejaras fuera una bolsa de plástico, una botella de cristal o una lata de aluminio, permanecería inmutable durante siglos. Esto se debe a que el plástico, el cristal y el metal no son biodegradables: nunca se descompondrán. Es importante que algunos materiales no sean biodegradables. Los materiales de construcción, el cristal y muchos plásticos deben permanecer intactos para cumplir su función. Pero cuando ya no son necesarios, resultan difíciles de hacer desaparecer.

tuercas 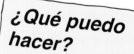 puntas

Gran parte de la basura nunca se descompondrá. Debemos crear nuevos vertederos. Llegará un día en que nuestro planeta sea una gran montaña de basura.

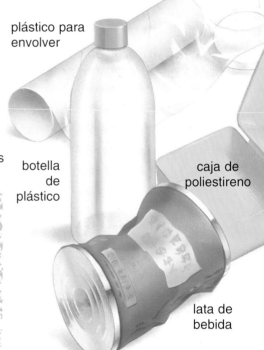

plástico para envolver

botella de plástico

caja de poliestireno

lata de bebida

Hazlo tú mismo

Investiga en la basura para averiguar cuánta hay en tu calle, en tu colegio y en el parque más cercano.

Dibuja un cuadro como el de la ilustración. Señala cuánta basura encuentras en cada lugar y de qué tipo es. Recoge la basura metiéndola en una bolsa. Utiliza siempre guantes cuando toques basura.

CALLE   PARQUE   JARDÍN

CRISTAL

PAPEL

PLÁSTICO

CRISTAL

¿Qué puedo hacer?

- No tires basura: las cosas de plástico, metal, poliestireno y cristal no se descompondrán.
- Haz una investigación como ésta y organiza una «campaña de limpieza».

bolsa de
patatas

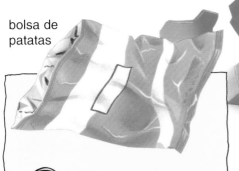

cristal

👁 *Observa*

La mayor parte de la basura
no se descompone y
permanecerá en el medio
ambiente durante años.
Comprueba las fechas de
desperdicios para ver
cuánto tiempo llevan ahí.

papel de aluminio

pilas

La basura lo ocupa todo,
desde las calles hasta las
playas, y no es una visión
agradable. Las personas
que tiran basura no
biodegradable en el
exterior están dañando el
medio ambiente y
molestando a los demás.

Hazlo tú mismo

**Averigua qué basura es
biodegradable y cuál no
lo es con esta sencilla
prueba.**

1. Recoge algunos
recipientes de yogur y
llénalos de tierra húmeda.

2. Consigue ejemplos de
basura hecha por el hombre y
de basura natural. Entierra
cada uno en un recipiente e
identifícalo con una etiqueta.
Déjalos dos semanas en un
lugar fresco y húmedo.
Después, desentierra los
objetos para ver si se
han podrido o
cambiado.

Cómo funciona

La basura natural habrá
comenzado a
descomponerse o se
habrá podrido ya porque
es biodegradable. La
basura hecha por el
hombre no se
descompone y no habrá
cambiado.
Afortunadamente,
podemos reciclar gran
parte de la basura no
biodegradable.

recipientes
de yogur

tierra

piel de plátano

papel

hoja

canica

punta

tapón

envoltorio de caramelo   monda de patata

11

Desechar sí, desperdiciar no

Es un despilfarro tirar cosas que pueden reutilizarse o reciclarse. Las materias primas deben extraerse del medio ambiente para fabricar cosas nuevas, lo que requiere energía y produce contaminación. Por ello, cuanto más tiramos, más dañamos el medio ambiente. El número de materiales que podemos reciclar es cada vez mayor. Hace tiempo, tan sólo eran reciclables el cristal y el metal. En la actualidad, también podemos reciclar papel, cartón, trapos, pilas, plásticos y mucho más.

👁 *Observa*

Cuando vacíes una botella o lata de bebida, acabes un cómic o rompas una camiseta, piensa si los restos pueden reciclarse.

Reciclaje navideño

En lugar de tirar tu árbol de Navidad viejo a la basura, llévalo a un centro de reciclaje. Allí lo harán virutas que podrán reutilizarse como abono de jardín.

30% papel y cartón

30% desechos de cocina

10% metal

10% cristal

8% plásticos

4% ropa vieja

8% otros materiales, incluido el polvo

Este diagrama muestra las diferentes cantidades de desechos que tiramos a la basura cada semana. Si tuviéramos más cuidado, podríamos reciclar tres cuartos de la basura doméstica.

Hazlo tú mismo

Averigua cuánta basura produce tu familia cada semana y clasifícala en bolsas para su reciclaje.

1. Consigue siete bolsas de basura y pega un trozo de papel a modo de etiqueta sobre el que puedas escribir lo que contienen. Necesitarás una bolsa para cada uno de los siguientes: metal, papel, cartón, plásticos y poliestireno, cristal, ropa vieja y restos de comida.

2. Clasifica tu basura en las diferentes bolsas y observa cuánto recoges en una semana. ¿Se parece tu basura a las cantidades mostradas en el diagrama de la página anterior?

clasifica la basura en diferentes bolsas

Nada se pierde

Las personas de muchos países pobres son mejores recicladoras que nosotros. No pueden permitirse tirar cosas como bolsas de plástico y botellas. Toda su basura se clasifica de forma concienzuda para seleccionar los materiales reciclables. Esta pareja está recogiendo cajas de cartón para su reciclaje en Yakarta, Indonesia.

¿Qué puedo hacer?

Todos deberíamos tratar de reducir la cantidad de basura que producimos. Lo mejor es recordar las tres erres: reducir, reutilizar y reciclar. Podemos reducir los desechos comprando menos, reutilizando artículos como bolsas de plástico y tarros de cristal, y reciclando basura para que los materiales no se desperdicien.

Jardines y garajes

Una gran parte del reciclaje se puede hacer en casa. Por ejemplo, los desechos biodegradables de la cocina y el jardín, como restos de comida y hierba cortada, pueden echarse en un montón de abono. Los desechos se descomponen formando un abono que constituye un excelente fertilizante para las plantas del jardín. Tu garaje puede estar lleno de trastos viejos que suelen acabar en el vertedero. Algunos podrían reutilizarse como tiestos o tinas de agua.

Las hojas caídas pueden reciclarse enterrándolas en la tierra. Al descomponerse, las hojas forman una sustancia llamada humus que constituye un alimento para las plantas.

Hazlo tú mismo

Construye una pila de abono o «fábrica de gusanos» para los desechos de tu cocina, de forma que puedas reciclar los restos de comida en un abono que ayudará a crecer a tus plantas.

1. Pide a un adulto que taladre una línea de agujeros alrededor de la parte inferior de un cubo de basura viejo, tal como se muestra en la página siguiente. Esto permitirá la salida de cualquier líquido.

2. Coloca una capa de gravilla o piedras, de unos 18 cm de profundidad, en el fondo del cubo. Continúa con una capa de arena de 8 cm. La arena y las piedras permitirán que el agua escape al tiempo que mantienen húmedos los contenidos.

arena

gravilla

desechos de cocina

abono para tiestos

lombrices

tablillas de madera

14

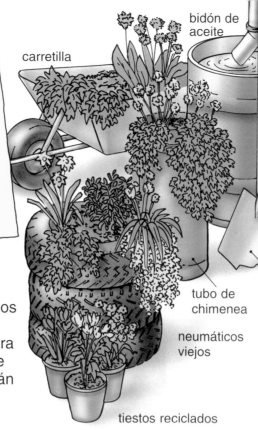

¿Qué puedo hacer?

- No tires aceite por la tubería: contamina el agua.
- Separa los desechos orgánicos y llévalos a un centro de reciclaje.
- Utiliza trozos de madera viejos para hacer pajareras y nidos.

carretilla

bidón de aceite

batería de coche

herramientas viejas

aceite usado

neumático viejo

tubo de chimenea

neumáticos viejos

pala rota

tiestos reciclados

Los neumáticos viejos, tubos de chimenea y carretillas rotas pueden reciclarse para hacer tiestos originales. De hecho, muchos tiestos están hechos de materiales reciclados.

Algunos garajes aceptan neumáticos viejos, aceite y baterías para reciclar. También puedes llevarlos a un centro de reciclaje.

3. Añade una capa de tablillas de madera para evitar que el abono se mezcle con la arena. Echa encima unos 15 cm de abono para tiestos.

4. Compra algunas lombrices en una tienda de pescadores y colócalas en el abono para tiestos. Aliméntalas regularmente con desechos de cocina, como mondas de fruta y verduras, hojas de col, cáscaras de huevo aplastadas y bordes de queso. No las eches carne ni fruta.

5. Coloca la tapa sobre tu fábrica de gusanos para mantenerla templada y húmeda. El abono estará listo para usarse en el jardín pasados dos o tres meses.

6. Separa las lombrices antes de echar el abono al jardín. Devuélvelas a la fábrica de gusanos para que comiencen a trabajar de nuevo.

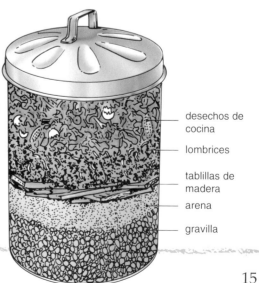

desechos de cocina

lombrices

tablillas de madera

arena

gravilla

¡Agua va!

Cada día, utilizamos litros de agua en nuestro aseo y en tirar de la cadena. También empleamos agua para cocinar, en los lavaplatos y lavadoras, y para lavar el coche. Una vez que hemos acabado, el agua desaparece por la tubería. Pero ese no es el final. Después se limpia y recicla para poder usarla de nuevo. Parece que siempre hay suficiente agua dulce. Pero, en ocasiones, si ha habido una sequía, apenas hay bastante. Por eso debemos intentar reducir la cantidad de agua que gastamos.

¿Cuántas veces?

En muchas grandes ciudades, el agua del grifo se ha reciclado hasta 20 veces. Aun así, es apta para el consumo.

Hazlo tú mismo

Investiga cuánta agua gasta tu familia en un día.

Dibuja un cuadro como el de la ilustración, que incluya todas las cosas que emplean agua en tu hogar, como hacer café, tirar de la cadena o bañarse. Anota cada vez que alguien utilice agua. ¿Cómo se emplea el agua con más frecuencia? ¿Podrías pensar en formas de utilizar menos agua?

	Frecuencia
Cafetera	
Cocinar	
Lavar	
Lavadora	
Lavaplatos	
Inodoro	
Bañera	
Regar plantas	
Manguera	

tu hogar

planta
depuradora

El ciclo
del agua

los pantanos
abastecen
de agua a
los hogares

llueve

el agua se
evapora

el agua limpia
vuelve al río

El agua sucia de tu casa va a
una planta depuradora para
su limpieza. Después es
devuelta a los ríos y
transportada al mar. Una parte
se evapora (se convierte en
gas) y forma nubes. El agua
de lluvia llena los pantanos
que nos abastecen de agua.

Hazlo tú mismo

Comprueba cuánta agua se evapora.

Vierte 50 ml de agua en
tres recipientes diferentes:
un plato, un vaso y una
botella. Déjalos sobre un
alféizar soleado durante un
día.

¿De qué recipiente ha
desaparecido más agua?

Cómo funciona

El agua se evapora con
más rapidez del plato
porque la superficie
expuesta al aire es
mayor. Tarda más en
evaporarse de la botella
debido a que la superficie
expuesta al aire es
pequeña y sólo hay un
agujerito para escapar.

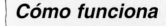

Hazlo tú mismo

El agua se depura en una planta depuradora filtrándola a través de tierra, arena y gravilla para eliminar toda la suciedad. Intenta fabricar tu propio filtro de agua.

1. Forra un embudo con un filtro de café o papel secante. Coloca una capa de arena fina, de 4 cm, en el fondo del papel.

2. Mezcla un puñado de tierra con agua. Vierte el agua sucia en el embudo y observa cómo la arena filtra el líquido. ¿Sale limpia el agua?

agua

Cómo funciona

A medida que el agua gotea en la arena, la suciedad queda atrapada en las partículas de arena y el agua se limpia.

arena

tarro de cristal

tierra

embudo

filtro de café

¿Qué puedo hacer?

Ahorra agua: es demasiado valiosa.
- Cierra los grifos para que no goteen.
- Dúchate en vez de bañarte: ahorrarás 30 o 50 litros cada vez.
- Coloca un ladrillo en la cisterna.

Las aguas residuales (con desechos humanos) son tratadas en una estación depuradora (ilustración izquierda). Se eliminan los sólidos y la parte líquida pasa por filtros donde las bacterias descomponen los gérmenes.

Papel de sobra

El papel es un material muy útil. Se utiliza para fabricar libros, periódicos, billetes de banco, hojas, rollos de cocina y mucho más. La mayoría del papel procede de coníferas. La madera se hace astillas y se mezcla con agua y productos químicos para producir una pulpa. A continuación, se cuela, se aplasta y se seca para formar un enorme rollo de papel. El papel y el cartón se reciclan con facilidad. El papel viejo se corta y vuelve a entrar en el proceso de fabricación, uniéndose a la pulpa.

👁 Observa

Este símbolo se utiliza para indicar que algo ha sido fabricado con papel reciclado. ¿Cuántas cosas puedes encontrar en tu casa que tengan este símbolo?

Este diagrama muestra los diferentes estadios en la fabricación del papel, desde el astillado, pulpa y refinado hasta el enrollado y secado.

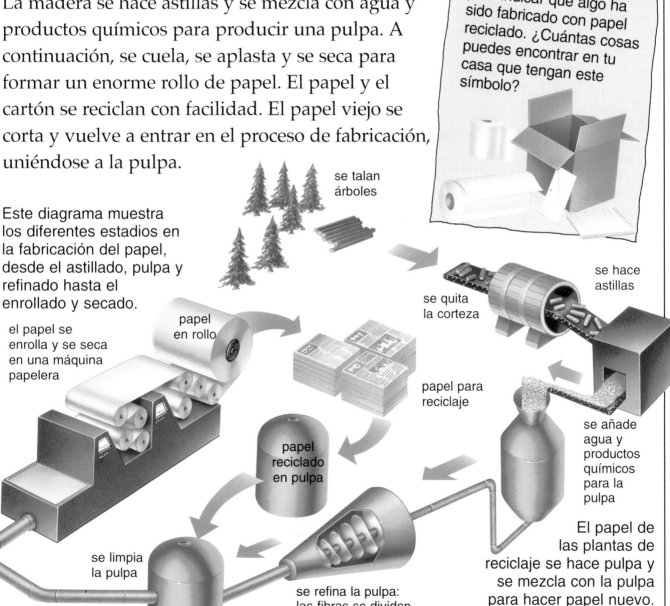

se talan árboles

se hace astillas

se quita la corteza

el papel se enrolla y se seca en una máquina papelera

papel en rollo

papel para reciclaje

se añade agua y productos químicos para la pulpa

papel reciclado en pulpa

se limpia la pulpa

se refina la pulpa: las fibras se dividen

El papel de las plantas de reciclaje se hace pulpa y se mezcla con la pulpa para hacer papel nuevo.

19

¿Por qué reciclar?

Reciclar papel significa enterrar menos basura en vertederos. Fabricar papel nuevo del viejo también ahorra productos químicos, energía y agua. Sin embargo, realmente no ahorra árboles ya que el papel se obtiene de coníferas plantadas específicamente para este

El papel y el cartón se empacan en balas, listas para ser recicladas. Si no recicláramos papel, sería necesario talar cinco millones de árboles cada día.

¿Qué puedo hacer?

- Lleva periódicos y cartones a tu centro de reciclaje local.
- Reutiliza los sobres viejos pegando una etiqueta sobre la dirección antigua.
- Siempre que puedas, dibuja o escribe sobre ambas caras del papel.
- Recoge papel usado y grápalo a modo de cuaderno de mensajes telefónicos.

Los árboles utilizados para fabricar papel proceden de plantaciones de coníferas. A medida que se talan árboles, se plantan otros nuevos, de forma que siempre hay una reserva de madera. Las plantaciones ocupan hábitats naturales como turberas o brezales, ricos en vida natural. Al reciclar papel, estamos ayudando a salvar la fauna.

¿Cuánto papel?

Como media, una persona de EE UU utiliza 310 kg de papel al año, casi el doble que alguien del RU y 100 veces más que alguien de India.

EE UU 310 kg

RU 165 kg

India 3,2 kg

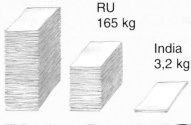

Hazlo tú mismo

Haz papel reciclado. Necesitarás la ayuda de un adulto.

1. Haz tiras algunos periódicos y déjalos toda la noche a remojo en un cubo de agua.

4. Corta un trozo de malla de plástico fina, un poco más grande que el marco. (Puedes comprar la malla en un vivero. Escoge una malla con agujeros más pequeños de 5 mm) Clava o grapa la malla al marco.

coloca el marco bajo la pulpa

pulpa de papel

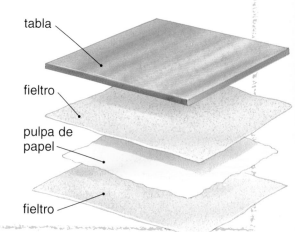

balde

cazo

periódico

puntas

marco de madera

malla de plástico

martillo

chinchetas

2. Pide a un adulto que hierva la mezcla en un cazo viejo durante 10 minutos hasta que el papel se disuelva en una masa pastosa. Déjalo enfriar. Después vierte la mezcla en un balde ancho y plano.

3. Ahora pide al adulto que te ayude a hacer un marco que quepa en el balde. Necesitarás cortar cuatro maderas y clavarlas en las esquinas.

5. Introduce el marco boca arriba en el balde, bajo la pulpa que estará flotando en la superficie del agua. Después levanta el marco de modo que sobre él quede una capa de pulpa.

6. Cuando el agua se haya escurrido, coloca la pulpa sobre un trozo de fieltro o una manta vieja. Añade dos capas más de pulpa.

7. Coloca encima otro trozo de fieltro o manta y después una madera. Pisa la madera para expulsar todo el agua. A continuación, retira la manta y la madera, y deja secar el papel.

tabla

fieltro

pulpa de papel

fieltro

Contenedor de cristal

Llevamos utilizando cristal desde hace miles de años. Se fabrica calentando arena, sosa y piedra caliza a temperaturas elevadas hasta que se derriten y forman un líquido. Cuando el líquido se enfría, se convierte en cristal. El cristal es muy fácil de reciclar. El cristal viejo se limpia y rompe, después se derrite y se moldea como cristal nuevo. Reciclar significa extraer menos materias primas de la tierra. También contribuye a ahorrar energía.

Comprar leche y zumo en botellas retornables ahorra energía y materias primas porque las botellas pueden reutilizarse hasta 11 veces. Un cartón sólo puede utilizarse una vez.

el cristal se muele

cristal caliente

cristal para reciclaje

el cristal se derrite en un horno

contenedor de botellas

molde de botella

supermercado

las botellas se llenan y tapan

El cristal de un contenedor de cristal se limpia y se rompe en fragmentos diminutos. Estos trocitos se derriten en un horno y el cristal líquido se vierte en un molde, donde se deja enfriar. Las botellas se llenan y tapan, listas para viajar al supermercado.

22

Una montaña de cristal espera para ser reciclada. El cristal se clasifica en diferentes colores antes de procesarse. El cristal transparente es más útil porque puede transformarse en todo tipo de botellas y botes. El cristal verde tiene menos usos: casi todo se convierte en botellas de vino.

Hazlo tú mismo

En lugar de reciclarlo, reutiliza una botella de cristal para hacer este hermoso adorno.

1. Compra un bloque de espuma de florista en una floristería y recorta un cuadrado de 8 cm de ancho y 4 cm de grosor.

2. Recorta un agujero en medio lo bastante grande para que encaje en el cuello de la botella. Moja la espuma en agua y ponla en el cuello. A continuación, coloca una vela en la botella y cubre la espuma con flores y hierbas. (No enciendas la vela si no está presente un adulto.)

botella de cristal

espuma de florista

flores

vela

23

¿Qué puedo hacer?

- Lleva el cristal viejo a un contenedor de botellas para su reciclaje.
- Compra leche, zumo de naranja y yogur en envases de cristal.
- Reutiliza las botellas y botes utilizándolos como recipientes o jarrones (abajo te damos algunas ideas).

azulejos

señales refractarias

ladrillos

No todo el cristal reciclado se utiliza para hacer botellas y tarros nuevos. Una parte se utiliza para fabricar azulejos, ladrillos, señales refractarias y piraguas de fibra de vidrio.

piraguas de fibra de vidrio

Hazlo tú mismo

Haz una orquesta con botellas.

Recoge botellas y tarros vacíos de todas las formas y tamaños, y lávalos. Llénalos con cantidades diferentes de agua para obtener diversas notas y «tócalos» golpeándolos con una cuchara metálica. Intenta interpretar melodías que conozcas.

toca la botella con una cuchara metálica

Más cosas para intentar

Reutiliza las botellas y tarros transformándolos en recipientes para bolígrafos, flores, canicas y todo lo que se te ocurra. Píntalos o cúbrelos con recortes de papel o sellos.

Las latas cuentan

Llevamos utilizando latas metálicas desde hace 200 años. Las latas son excelentes para almacenar comida y bebida durante largos períodos. Usamos millones cada día. El metal empleado en las latas es valioso, por lo que es importante reciclarlo. No hay límite en el número de veces que puede reciclarse el metal. El acero hecho a partir de latas viejas requiere tan sólo un cuarto de la energía que se necesitaría si se fabricara a partir de materias primas. Reciclar también significa extraer menos materias primas, crear menos basura y llenar menos vertederos.

¿Qué es reciclable?

Todos los artículos de metal pueden reciclarse, incluidas las latas de aluminio, chapas, papel de aluminio y bandejas de alimentos congelados.

Latas en el espacio

Cada año, se utilizan tan sólo en el RU más de 16 milones de latas. Si se pudieran alinear, recorrerían dos veces el camino de ida y vuelta a la luna.

Todo lo que esté hecho de acero contiene algo de acero reciclado. El acero de una lata de alubias puede acabar en un puente, un coche, un cuchillo, o en un simple clip.

cubiertos

tijeras

cuchillos de cocina

frigoríficos

puentes

clips

coches

Latas de aluminio y acero

Las primeras latas estaban hechas de hierro recubierto por una fina capa de estaño. En la actualidad, las latas están hechas de acero o aluminio. Las latas de bebidas tienen que ser más ligeras, por lo que se fabrican a partir de una lámina de metal muy fina. Las latas de alimentos deben ser más gruesas y resistentes para que puedan proteger los contenidos.

 Observa

Casi todas las latas de bebida llevan un símbolo que nos recuerda que debemos reciclarlas. Éstos son algunos de los símbolos que debes buscar.

En una planta de reciclaje, las máquinas aplastan las latas de aluminio y las empacan. Después, las latas se derriten y se enrollan para formar una lámina de aluminio, lista para volverse a utilizar.

Hazlo tú mismo

Comprueba si una lata está hecha de acero o de alumnio con esta sencilla prueba.

El acero es magnético (es decir, es atraído por los imanes) y el aluminio no. Acerca la lata a un imán y comprueba si se pega. Si lo hace, está hecha de acero. Si no, está hecha de aluminio.

Haz la prueba con otros objetos metálicos para ver si son magnéticos, como agujas, llaves, sacapuntas, cuchillos, papel de aluminio y tapones. Si lo son, estarán hechos de acero o hierro.

imán

lata

Ahorra energía

La cantidad de energía necesaria para hacer una lata de aluminio a partir de materias primas es la misma que la necesaria para hacer 20 latas a partir de aluminio reciclado.

¿Qué puedo hacer?

- Lleva las latas de comida y bebida a un centro de reciclaje.
- Sugiere a tu profesor crear un contenedor de latas en el colegio, para que todos puedan reciclar sin problemas.
- No olvides que el papel de aluminio también pueden reciclarse.

Hazlo tú mismo

Fabrica un «teléfono móvil» con un par de latas vacías y una cuerda.

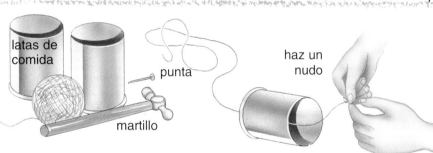

latas de comida

punta

haz un nudo

martillo

cuerda

3. Corta un trozo de cuerda de 20 metros de largo. Introduce un extremo por cada uno de los agujeros practicados en la base de las latas. Ata un nudo en el interior.

4. Pide a un amigo que se coloque una lata en la oreja y se sitúe lo más lejos posible. Manteniendo la cuerda tensa, habla en tu lata y comprueba si tu amigo puede oírte.

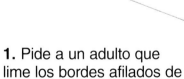

1. Pide a un adulto que lime los bordes afilados de las latas. Después, lávalas.

2. Con la ayuda de un adulto, haz un agujero en cada lata, en el centro de la base, utilizando un martillo y una punta.

Cómo funciona

Tu voz hace vibrar la lata. Las vibraciones son transportadas por la cuerda hasta la otra lata, que también vibra, reproduciendo el sonido de tu voz, de forma que tu amigo puede oír lo que has dicho.

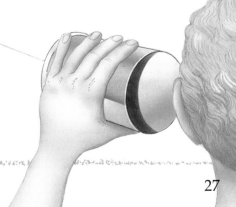

27

Reciclaje de plástico

El plástico es un material muy útil que resulta barato y sencillo de fabricar. Por eso lo usamos tanto. En EE UU, se utilizan dos millones y medio de botellas cada hora. La mayor parte del plástico no es biodegradable, lo que dificulta deshacerse de ello. Lo mejor es reciclarlo y hacer algo nuevo con él. Muchos plásticos llevan petróleo en su composición, por lo que el reciclaje también ahorra petróleo.

Los LPs están hechos de plástico. En el mundo desechamos millones de discos y, en la actualidad, algunos lugares los recogen y los transforman en tarjetas de crédito.

relleno para cojines

bolsas de basura

tiestos

vallas

tuberías

botas de agua

bolsas de plástico

botes

Observa

Estos símbolos indican que un plástico puede reciclarse. Se emplea un número para cada tipo de plástico. ¿Puedes encontrar alguno en los recipientes de tu casa?

Una sorprendente gama de objetos se fabrica utilizando plástico reciclado, desde bolsas y botes a botas de agua, tiestos y tuberías.

Hazlo tú mismo

Reutiliza una botella de plástico para hacer un original soporte para tiestos. Necesitarás que un adulto te ayude a cortar el plástico.

1. Consigue una botella de plástico de 2 litros y quita la etiqueta. Con un rotulador, dibuja dos anillos alrededor de la botella, uno a 8 cm de la base, y el otro a 13 cm de la parte superior, tal como se muestra en la página siguiente.

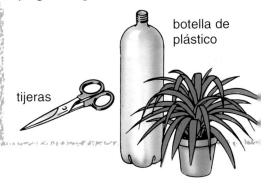

botella de plástico

tijeras

tiesto pequeño

Comida rápida

Los envoltorios de poliestireno atrapan el calor evitando que la comida se enfríe. En el pasado debían desecharse, pero ahora son reciclables.

Los plásticos para reciclaje se clasifican en diferentes tipos. Después se lavan y desfibran en fragmentos diminutos, o virutas, antes de derretirse y transformarse en algo nuevo.

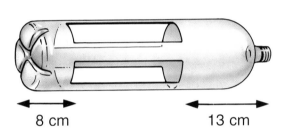

8 cm   13 cm

2. Dibuja dos líneas verticales, a 15 mm de distancia, entre los dos anillos. Dibuja tres pares más de líneas, espaciándolas de forma equitativa en torno a la botella. Recorta los rectángulos delimitados por las líneas.

3. Haz dos agujeros en la parte superior de la botella y pasa por ellos una cuerda para colgarlo. Por último, coloca dentro un tiesto pequeño.

¿Cómo podemos ayudar?

- Lleva botellas de plástico a un centro de reciclaje.
- Cuando vayas de compras, lleva una bolsa de plástico. Así no necesitarás una nueva.
- Reutiliza los recipientes de helados para guardar alimentos congelados.
- Utiliza los recipientes del yogur para mezclar pintura o cola.

29

Recicla tu ropa vieja

Jamás deberíamos tirar ropa o trapos viejos. Al igual que el cristal y el papel, los trapos pueden reciclarse. Algunas telas se desfibran para hacer desechos de lana. Esta «lana regenerada» se utiliza para fabricar telas para muebles, alfombras e incluso ropa nueva. Otras telas se convierten en relleno para cojines, y algunas acaban como trapos de limpieza para maquinaria.

Nuevo de viejo

Esta niña lleva un conjunto tejido completamente con lana reciclada.

Algunas organizaciones benéficas recogen ropa vieja, que luego revenden o envían a países más pobres. Algunas prendas se queman como basura, pero el resto puede reciclarse.

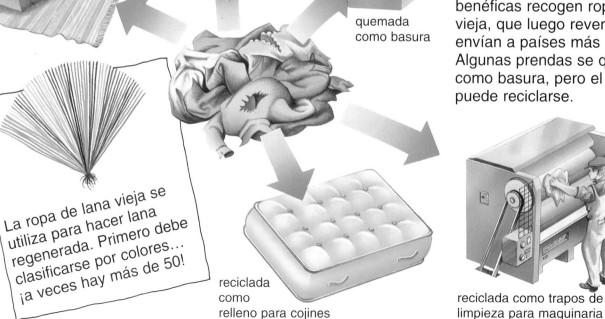

reciclada como mantas, telas para muebles, alfombras y ropa

enviada a gente de países más pobres

quemada como basura

La ropa de lana vieja se utiliza para hacer lana regenerada. Primero debe clasificarse por colores… ¡a veces hay más de 50!

reciclada como relleno para cojines

reciclada como trapos de limpieza para maquinaria

Hazlo tú mismo

Convierte un calcetín viejo en una divertida marioneta. Puedes hacer varios animales diferentes y representar tu propio guiñol.

1. Consigue un calcetín viejo y cose los agujeros.

2. Con un rotulador, dibuja dos orejas, dos ojos, una nariz y una lengua sobre un trozo de fieltro o algodón de colores llamativos. Copia las

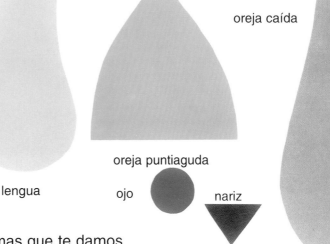

oreja caída

oreja puntiaguda

lengua

ojo

nariz

formas que te damos, agrandándolas cuanto quieras. También puedes dibujar formas diferentes y hacer un ratón, un gato o algún otro animal.

3. Ahora pega o cose a tu calcetín todas las formas diferentes.

4. Para usar la marioneta, mete la mano en el calcetín, encajando el talón sobre tus nudillos. Pliega la parte de los dedos para formar la boca. Junta y separa los dedos del pulgar para hacer «hablar» a tu marioneta.

¿Qué puedo hacer?

- Lleva la ropa vieja aprovechable a mercadillos benéficos.
- Lleva la ropa estropeada, mantas y retales a un contenedor de ropa. Solicita información en tu ayuntamiento.
- Rasga las toallas y sábanas viejas y utilízalas como trapos de limpieza.

Índice

POLUCIÓN
Y DESECHOS

Sobre este capítulo

Este capítulo se centra en la contaminación y nos muestra de qué formas estamos dañando el medio ambiente. Sugiere además muchos experimentos, así como modos en que podemos ayudar a hacer del mundo un lugar más limpio y seguro.

Podrás encontrar casi todo lo que necesitas para los experirmentos en tu propia casa. Asegúrate de contar con la ayuda de un adulto para el experimento de la página 39: es peligroso que enciendas la vela solo.

Trucos para las actividades

• Antes de empezar un experimento, lee las instrucciones con atención y prepara todo lo necesario.

• Cuando hayas acabado, recoge todo, especialmente los objetos afilados como cuchillos y tijeras, y lávate las manos.

• Vas a empezar un cuaderno especial. Anota en él lo que haces y los resultados obtenidos en cada proyecto.

Contenido

¿Qué es la contaminación?

Cada día arrojamos sustancias dañinas a la naturaleza, como gases venenosos, productos químicos y basura. Las sustancias dañinas que afectan al medio ambiente se denominan contaminación. La mayor parte procede de las fábricas y el transporte aunque, como verás, todos contribuimos a ella de alguna manera. Es difícil frenar la contaminación, pero debemos hacerlo antes de causar daños irreparables.

Hazlo tú mismo

Realiza una sencilla prueba de contaminación.

Para comprobar la contaminación de la lluvia, pon un filtro de café dentro de un embudo. Coloca el embudo en un tarro y sitúalo en el exterior bajo la lluvia. Transcurrida una hora, observa con una lupa el filtro de papel para ver cómo está de sucio. En un día seco, unta con vaselina el interior de tres tapas de metal. Coloca una dentro de la casa, una en la calle y otra en el parque. Al final del día, compara la suciedad que han recogido. ¿Qué lugar es el más sucio?

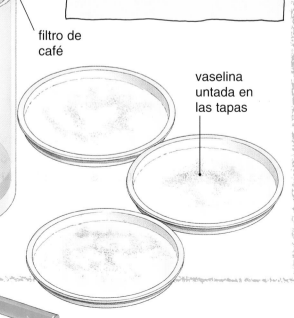

agua de lluvia

filtro de café

lupa

vaselina untada en las tapas

La excavacion de rocas para construir carreteras y edificios deja agujeros que estropean la belleza del paisaje. Las cicatrices del paisaje son una forma de contaminación visual.

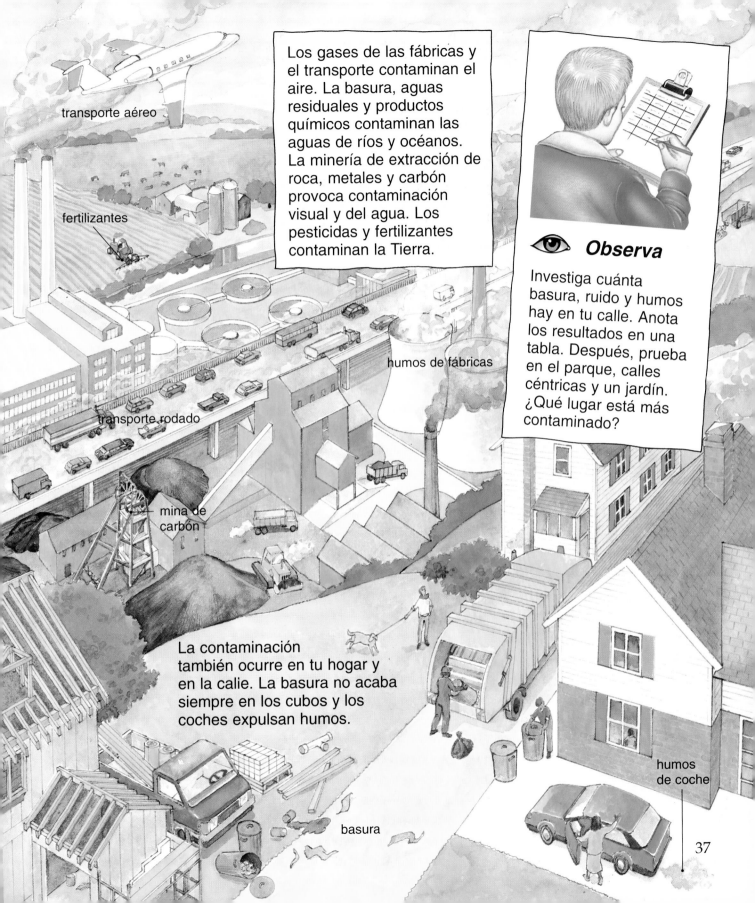

transporte aéreo

fertilizantes

Los gases de las fábricas y el transporte contaminan el aire. La basura, aguas residuales y productos químicos contaminan las aguas de ríos y océanos. La minería de extracción de roca, metales y carbón provoca contaminación visual y del agua. Los pesticidas y fertilizantes contaminan la Tierra.

👁 **Observa**

Investiga cuánta basura, ruido y humos hay en tu calle. Anota los resultados en una tabla. Después, prueba en el parque, calles céntricas y un jardín. ¿Qué lugar está más contaminado?

humos de fábricas

transporte rodado

mina de carbón

La contaminación también ocurre en tu hogar y en la calie. La basura no acaba siempre en los cubos y los coches expulsan humos.

basura

humos de coche

37

Aire sucio

Respiramos aire a cada momento. El aire limpio es esencial para la vida. Es una mezcla de gases, principalmente oxígeno y nitrógeno, con pequeñas cantidades de dióxido de carbono más agua. El aire no posee color ni olor, excepto cuando está contaminado. El aire sucio puede afectar a la salud de los humanos, animales y plantas, y puede incluso dañar edificios. La industria y el transporte producen casi toda la contaminación del aire, liberando millones de toneladas anuales de hollín y gases dañinos al medio ambiente.

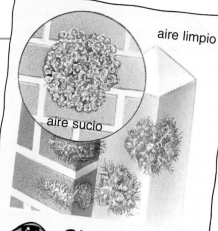

aire limpio

aire sucio

👁 Observa

Los líquenes son seres parecidos a las plantas presentes en árboles, rocas y edificios. Los líquenes te dirán si hay contaminación. Los gruesos y peludos sólo crecen en el aire limpio. Los lisos pueden crecer con aire sucio.

El ciclo del aire

Todo el oxígeno de nuestro aire procede de los árboles y otras plantas. Ellos toman dióxido de carbono del aire y lo emplean para fabricar alimento, despidiendo oxígeno en el proceso. Los animales inspiran el oxígeno y liberan dióxido de carbono, que las plantas utilizan para fabricar más alimento. Pero las fábricas y edificios queman combustibles que consumen oxígeno y liberan demasiado dióxido de carbono y otros gases venenosos al aire.

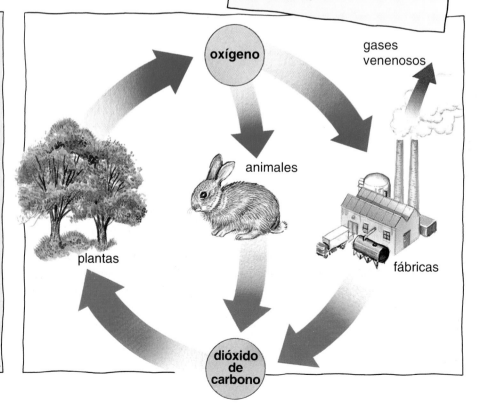

oxígeno

gases venenosos

animales

plantas

fábricas

dióxido de carbono

Hazlo tú mismo

La combustión de carbón para producir electricidad, gasolina o gas contamina el aire. Pide a un adulto que te ayude a comprobar cuánta suciedad se produce cuando arde una vela.

Enciende una vela y coloca un plato resistente al calor sobre la parte amarilla de la llama durante 30 segundos. Haz girar el platillo mientras lo sujetas. Comprueba después la parte inferior.

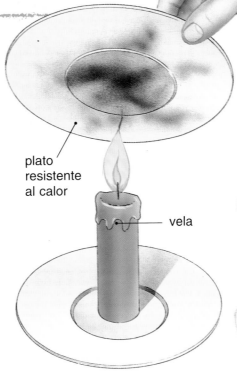

plato resistente al calor

vela

Cómo funciona

El hollín negro recogido en la parte inferior del plato se produce cuando se quema la cera de la vela. Este carbón normalmente asciende en el aire sin que lo veamos. Se han producido gases, pero tampoco se ven.

Daño corporal

Pide a un fumador que dé una calada a un cigarrillo sin inhalar, y que expulse el humo a través de un pañuelo de papel. La marca negra que queda en el pañuelo es una sustancia llamada «alquitrán», producida cuando el tabaco se quema. Normalmente se acumula en el interior de los pulmones del fumador.

Las fábricas expulsan humos sucios que el viento transporta a otros lugares.

Lluvia que quema

En ocasiones, la lluvia contiene productos químicos llamados ácidos, que pueden dañar la vida natural y los edificios. Los ácidos producen grandes daños, ya que pueden «arder» dentro de los materiales. La lluvia ácida se forma al liberarse en el aire dióxido de sulfuro y dióxido de nitrógeno, producidos en la quema de combustibles. Los gases se mezclan con agua, formando un ácido débil que cae en forma de lluvia. El viento transporta la lluvia muy lejos. Millones de árboles de Europa y América del Norte mueren por los daños de la lluvia ácida.

Salmones en peligro

Los salmones son los primeros peces afectados por la lluvia ácida. El ácido arrastra el aluminio de la tierra a los ríos y lagos, donde atacará a las branquias de los peces.

Las centrales de energía, fábricas y transporte despiden los gases que causan la lluvia ácida. Cuando ésta cae sobre la tierra, es absorbida por las raíces de los árboles, provocando la muerte de éstos. La lluvia ácida también puede filtrarse a lagos y ríos.

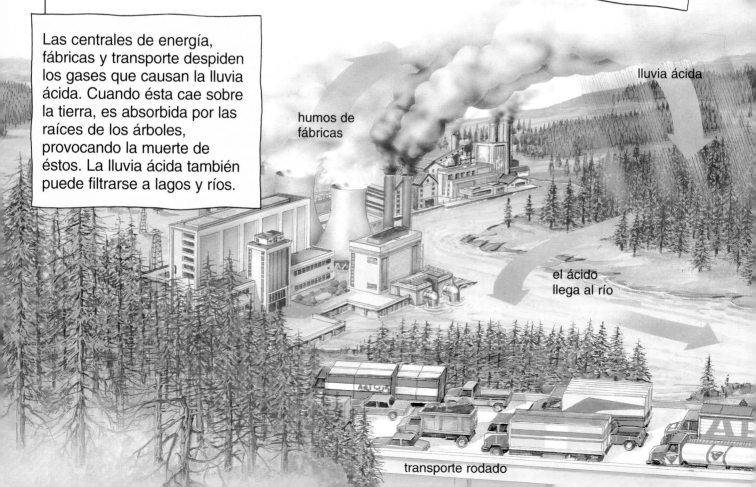

humos de fábricas

lluvia ácida

el ácido llega al río

transporte rodado

Hazlo tú mismo

Observa cómo los ácidos pueden dañar las plantas.

Introduce unas hojas en un bote de vinagre y déjalas unos días con los tallos sumergidos en el vinagre.

Cómo funciona

El vinagre es un ácido débil. El ácido daña la hoja a nivel interno y externo, de modo que la hoja pronto se vuelve marrón y muere.

hojas dañadas por el ácido

vinagre

árbol sano

árbol enfermo

👁 Observa

Observa los árboles de tu vecindario: jardín, parque o carretera. ¿Ves alguna señal de daño causado por la lluvia ácida? Esta ilustración muestra lo que debes buscar.

Más cosas para intentar

Este experimento muestra la rapidez con que un ácido puede corroer la piedra. Se ha empleado tiza porque es similar a los tipos de piedra utilizados en edificios, como piedra arenisca o piedra caliza, aunque más blanda. Coloca un trozo de tiza en un recipiente lleno de vinagre y observa lo que ocurre. El vinagre es más fuerte que la lluvia ácida, por lo que carcome la tiza mucho más rápido.

Esta figura de piedra (arriba) ha sufrido los daños de la lluvia ácida, desdibujando los rasgos del cuerpo y la cabeza.

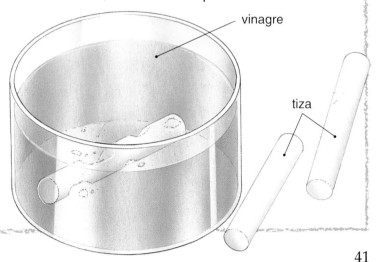

vinagre

tiza

Energía más limpia

Los mayores causantes de la contaminación ambiental son el petróleo, el gas y el carbón. La polución se reduciría si quemáramos menos de estos combustibles (llamados combustibles fósiles). Existen leyes que controlan la contaminación de fábricas y coches. Sin embargo, sería mucho mejor utilizar fuentes de energía alternativas más limpias, como la solar, eólica o hidroeléctrica. Además de ser menos contaminantes, estos tipos de energía son renovables, es decir, no se agotan. Los combustibles fósiles no son renovables, por lo que se acabarán algún día.

Apaguen motores

Los atascos producen mucha contaminación ambiental. Esta señal pide a los conductores que apaguen los motores mientras esperan en los semáforos.

Energía alternativa

Existen varias fuentes alternativas de energía. Las presas hidroeléctricas emplean la energía del agua para producir electricidad. Las rocas calientes de las profundidades terrestres pueden usarse para calentar agua. Esto se llama energía geotérmica. Los vientos fuertes pueden hacer girar las aspas de generadores eólicos. Y la energía del Sol puede atraparse en paneles solares.

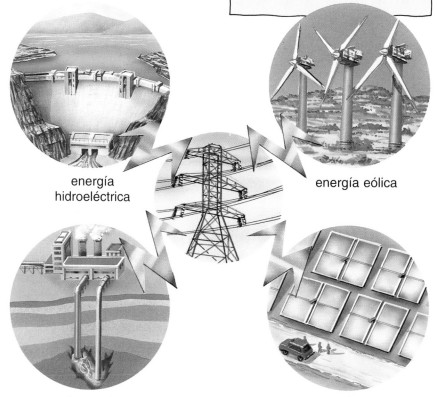

energía hidroeléctrica

energía eólica

energía geotérmica

energía solar

¿Qué puedo hacer?

Podemos contribuir a reducir la contaminación ambiental utilizando menos electricidad y petróleo.

- Camina o usa el transporte público.
- Lleva a tus amigos en viajes habituales.
- Apaga las luces y electrodomésticos cuando no se estén utilizando.
- Usa bombillas de bajo rendimiento.

Coches eléctricos

En el futuro, los coches eléctricos serán algo común en las carreteras. Sin embargo, la batería de un coche eléctrico debe «recargarse» regularmente para reponer la energía consumida. La batería del coche podría recargarse con energía solar, lo que significaría menos contaminación y más economía.

coche eléctrico

recargador de batería

paneles solares

Hazlo tú mismo

La energía calorífica del Sol es absorbida por algunos colores y reflejada por otros. Averigua qué color absorbe más calor y, por lo tanto, sería más adecuado para calentar el agua en un panel solar.

1. Recorta unos cuadrados de cartulina de 10 cm, de diferentes colores: negro, blanco, más amarillo, rojo o verde. Colócalos al Sol y tócalos a medida que se calientan. ¿Cuál se calienta más rápido?

2. Pon un cubito de hielo sobre cada trozo de cartulina. ¿Cuál se derrite más rápido y cuál más lento?

Cómo funciona

El negro absorbe más calor del Sol, por lo que la cartulina negra será la primera en calentarse. El blanco refleja el calor, por lo que el cartón blanco tardará más. Los otros colores sólo absorben algo de calor. Los paneles solares utilizan material negro para atrapar los rayos del Sol.

Nuevas formas de energía

Los científicos intentan encontrar nuevas fuentes de energía no contaminantes. Un experimento desarrollado en el Lago Ness, en Escocia, utiliza bolsas flotantes para atrapar la energía de las olas y producir electricidad para los hogares de la localidad. El artilugio real es catorce veces mayor de lo que ves en la fotografía. Tal vez en el futuro utilicemos estos ingenios para suministrar electricidad a los hogares de todo el mundo.

Hazlo tú mismo

Utiliza la energía del viento para hacer girar este molinillo.

1. Recorta un cuadrado de papel de 15 cm. Realiza unos cortes desde las esquinas hacia el interior. Dobla las cuatro esquinas hacia el centro y pégalas, montándolas ligeramente.

2. Pincha un alfiler en el centro del molinillo y clávalo en la goma de un lapicero. Hazlo girar contra el viento.

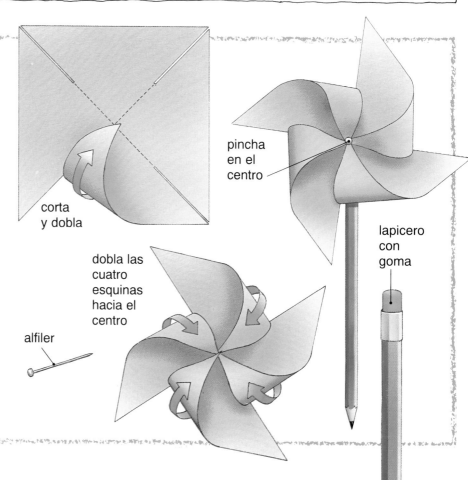

corta y dobla

dobla las cuatro esquinas hacia el centro

alfiler

pincha en el centro

lapicero con goma

Agujeros en el cielo

La atmósfera es un colchón de aire, de 500 km de grosor, que rodea la Tierra. A unos 25 km de altura, se encuentra una delgada capa conocida como capa de ozono. El ozono es una forma especial de oxígeno. Es importante porque protege a la Tierra de los rayos «ultravioleta» del Sol. Pero el ozono está siendo destruido por unos productos químicos llamados CFCs (clorofluorocarbonos), que han escapado a la atmósfera. El daño es más evidente sobre la Antártida, donde los CFCs han abierto un agujero en la capa de ozono.

¡Prohibidos!

Hasta hace poco, los CFCs se utilizaban en frigoríficos, latas de aerosol y algunos envases, como las cajas de hamburguesas. Por suerte, su uso está hoy prohibido.

Los CFCs que se elevan desde la Tierra debilitan la capa de ozono de la Antártida. Esto se denomina agujero de ozono. La luz ultravioleta dañina, normalmente bloqueada por el ozono, puede atravesar el agujero y alcanzar la superficie terrestre.

Sol

rayos ultravioleta

los CFCs se elevan

El exceso de rayos ultravioleta resulta dañino y puede provocar cáncer de piel. Los bañistas se protegen la piel con crema solar.

45

El ambiente se calienta

La atmósfera terrestre actúa como una manta, atrapando el calor y manteniendo la Tierra caliente. Sin esta manta, la Tierra se congelaría y no tendría vida. El calor es atrapado por unos gases que actúan como el cristal de un invernadero, dejando entrar el calor y evitando que vuelva a salir. Estos gases se denominan gases invernadero. Desafortunadamente, la contaminación está produciendo un aumento de la cantidad de dichos gases. En consecuencia, aumenta también el calor atrapado y la Tierra se calienta.

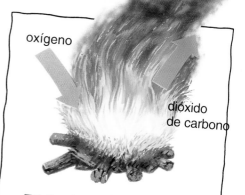

oxígeno

dióxido de carbono

Dióxido fatal

Cuando quemamos combustibles como carbón, gasolina o madera, se consume oxígeno y se libera dióxido de carbono. El dióxido de carbono es uno de los gases invernadero.

Efecto invernadero

La Tierra absorbe parte del calor solar. Esto mantiene caliente a la Tierra y su atmósfera. Únicamente una pequeña cantidad de calor escapa al espacio; la mayor parte queda atrapada por los gases invernadero. La Tierra se calienta a medida que aumentan los gases invernadero. Esto puede afectar al clima mundial: los casquetes polares podrían derretirse, el nivel del mar se elevaría y algunos países costeros quedarían anegados.

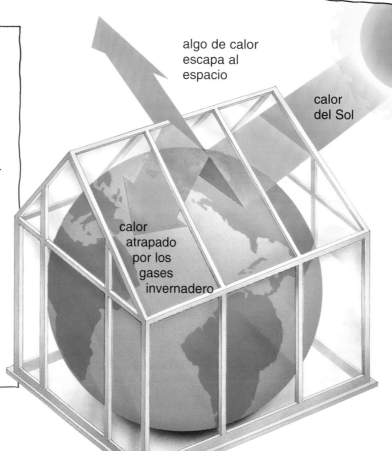

algo de calor escapa al espacio

calor del Sol

calor atrapado por los gases invernadero

46

Gases invernadero

El dióxido de carbono es un gas invernadero muy importante. El metano también lo es. Las vacas producen metano. El aumento del ganado vacuno está elevando los niveles de metano. Los CFCs son gases invernadero, por lo que también influyen en el recalentamiento de la atmósfera.

Hazlo tú mismo

Comprueba cómo funciona el efecto invernadero.

1. Coloca un termómetro en el exterior en un día soleado. Transcurridos cinco minutos, anota la temperatura.

2. Mete el termómetro en una bolsa de plástico transparente. Llena la bolsa de aire y ciérrala con una goma.

3. Deja la bolsa al sol durante cinco minutos. Lee después la temperatura del aire del interior de la bolsa. ¿Es más alta que la lectura anterior?

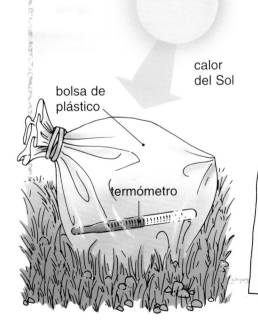

calor del Sol

bolsa de plástico

termómetro

Cómo funciona

El aire del interior de la bolsa se calienta más que el aire exterior debido a que la capa de plástico atrapa el calor solar. Esto es parecido al modo en que los gases invernadero atrapan el calor del sol en el interior de la atmósfera terrestre, recalentándola.

¿Es fría Groenlandia?

En la actualidad, una capa de hielo cubre Groenlandia. Sin embargo, hace mucho, los marinos vikingos descubrieron una tierra más cálida y verde. Tal vez los períodos cálidos sean normales y nos estemos preocupando en exceso por el efecto invernadero.

Contaminación del agua

Todos los animales y plantas necesitan agua limpia para sobrevivir. Puede parecer que tenemos agua en abundancia, pero sólo una parte es agua dulce utilizable, y la estamos contaminando de la misma manera que dañamos la atmósfera. Los productos contaminantes arrojados al agua, como petróleo y residuos químicos, son arrastrados por las mareas o la corriente de los ríos, lo que dificulta su eliminación. Una de las formas más dañinas de contaminación petrolífera en el agua procede del aceite de los automóviles filtrado por las tuberías.

 Observa

Cuando pases cerca de un río o arroyo, busca señales de contaminación, como espuma, manchas de aceite, neumáticos viejos, botellas y latas, o peces muertos.

En su recorrido hacia el mar, las aguas de un río reciben muchos productos químicos. Algunos productos dañinos se filtran de vertederos. Las tierras de cultivo desprenden fertilizantes, y las poblaciones ribereñas se deshacen de sus aguas residuales. En muchos países, es obligatorio tratar dichas aguas antes de verterlas a los ríos.

vertedero

¡Coge el cubo!

Es muy divertido buscar animales y plantas entre las rocas. Si encuentras mucha vida, sabrás que estás en una playa sin contaminar.

¡Prohibido!

En el pasado, muchos países arrojaban desechos tóxicos al mar. Ahora existen leyes internacionales que lo prohiben. Hemos de hallar formas menos perjudiciales de deshacernos de los desechos. Sin embargo, los vertidos ilegales continúan.

Las fábricas producen mucha agua sucia, gran parte de la cual acaba en los ríos cercanos.

Los vertidos de los barcos petroleros en el mar pueden causar un daño irreparable a la vida natural.

fábricas

aguas residuales

agricultura

vertido de petróleo

Hazlo tú mismo

Realiza estas sencillas pruebas para comprobar cómo se eliminan los vertidos.

1. Llena un cuenco de agua y vierte en él varias gotas de aceite. Observa cómo el aceite flota sobre la superficie en un grumo.

2. Remueve el aceite con el mango de una cuchara. Intenta dividirlo y unirlo de nuevo.

3. Sumerge un trocito de papel blanco en el agua, en la zona cubierta por el aceite. Observa cómo desaparece la grasa de la superficie del agua y el papel cambia gradualmente de color.

4. Vierte otras gotas de aceite en el agua. Añade después un par de gotitas de lavaplatos (que es un detergente) y observa lo que ocurre.

 Observa

Cuando llueva, busca a los lados de la carretera charcos con remolinos de color rosa, morado, azul y amarillo. Estas minimanchas de petróleo están producidas por la gasolina de los coches.

Cómo funciona

El aceite flota sobre el agua. El papel absorbe el aceite de la superficie, cambiando de color en el proceso. Del mismo modo, cuando un petrolero vierte petróleo en el mar, se extienden capas de material absorbente sobre la superficie del agua. Los detergentes disuelven la mancha de aceite y la extienden en una fina capa sobre la superficie del agua. Los detergentes son otra opción para limpiar vertidos. Desafortunadamente, también perjudican a la naturaleza.

En la granja

La agricultura ha cambiado en el transcurso de los dos últimos siglos. En el pasado, los campos eran pequeños y la maquinaria era arrastrada por caballos. En la actualidad, campos inmensos se extienden ante nuestros ojos, en un mundo de tractores y cosechadoras. Con frecuencia, se cultiva la misma cosecha durante años, empleando productos químicos para aumentar la producción. Esta agricultura «intensiva» puede provocar contaminación y dañar la fauna.

Cosechas químicas

Los agricultores riegan sus campos con fertilizantes para acelerar el crecimiento y con pesticidas para matar la fauna que podría perjudicarlos. Pero estos productos químicos tambien son contaminantes.

Muchos animales de granja nunca ven un campo, sino que viven hacinados en graneros. Sus excrementos pueden contaminar ríos, por lo que deben tratarse con suma precaución.

En los años 30, las granjas del medio oeste de EE UU se vieron azotadas por una terrible sequía. Sin apenas árboles, los vientos arrasaron las tierras, creando una gran cuenca polvorienta que no podía cultivarse.

Dos en uno

En ocasiones, los agricultores orgánicos controlan las plagas y mejoran la producción plantando dos cultivos diferentes en el mismo campo, por ejemplo maíz y alubias.

Agricultura orgánica

A pesar de no producir tantos productos como la agricultura intensiva, la agricultura orgánica es mucho mejor para la tierra. Los campos son más pequeños y se reserva más espacio para arbolado. Los agricultores no emplean productos químicos contaminantes y los animales pastan en libertad.

Cada año, los agricultores orgánicos rotan sus cultivos, es decir, cambian la cosecha plantada en cada campo. Esto evita las plagas. Mantienen sus tierras sanas con estiércol animal. Además de fertilizar los campos, el estiércol compacta la tierra. Los animales pastan en libertad, pudiendo vagar por los campos en lugar de estar recluidos en graneros.

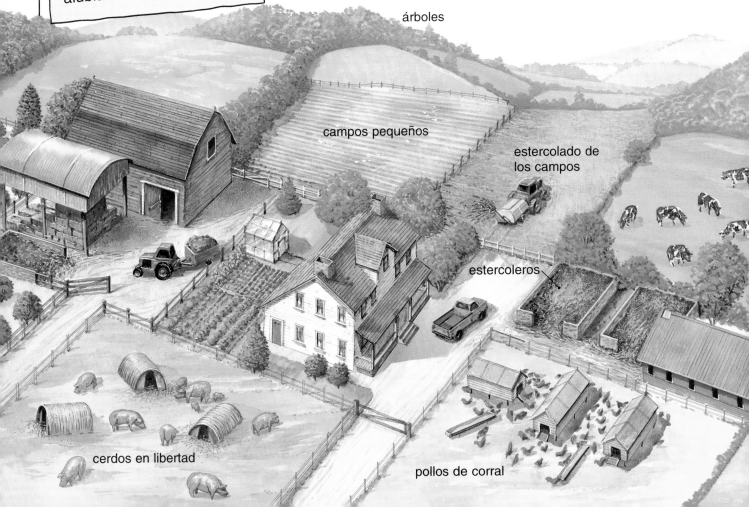

árboles

campos pequeños

estercolado de los campos

estercoleros

cerdos en libertad

pollos de corral

👁 *Observa*

La leche, huevos, carne, frutas y verduras pueden producirse mediante métodos orgánicos. Comprueba cuántos alimentos orgánicos puedes encontrar en tu tienda.

Tú eliges

Las frutas y verduras de las tiendas a veces parecen perfectas. Esto se debe al uso de productos químicos para matar las plagas que podrían estropear su aspecto.

Las frutas y verduras de crecimiento orgánico no reciben fertilizantes químicos. No parecen tan perfectas pero son igual de sabrosas, ¡o más! ¿Cuál escogerías?

Los agricultores orgánicos alimentan sus cosechas con fertilizantes naturales como abono y estiércol. Son tan ricos como los químicos, pero mucho menos contaminantes.

verduras fertilizadas
con productos
químicos

verduras orgánicas

53

Problemas con las plagas

Las plagas arruinan los cultivos. Una plaga puede ser un animal que se come la cosecha, o una hierba que roba a la cosecha espacio, agua o alimento. Los agricultores emplean diversos pesticidas, como insecticidas o herbicidas, para matar las plagas. Pero casi todos los pesticidas eliminan no sólo las plagas, sino también otros animales y plantas. Por ejemplo, un insecticida empleado para matar el pulgón, también acaba con insectos como las mariposas. Así pues, los agricultores orgánicos han encontrado otros métodos menos dañinos para controlar las plagas.

¡Prohibido!

Algunos pesticidas son tan dañinos que se ha prohibido su uso. Aun así, habrán de pasar años hasta que se disuelvan y desaparezcan por completo.

¿Qué falló?

Los sapos de caña se introdujeron en los campos de caña de Australia para controlar las plagas. Pero los sapos las ignoraron y, en su lugar, se alimentaron de otros animales. Ahora son una plaga en sí mismos.

cultivos

los pájaros se comen a los gusanos

los pulgones se comen el cultivo

las larvas se comen a los pulgones

Los agricultores orgánicos emplean depredadores naturales para controlar las plagas. El pulgón arruina muchos cultivos. Las larvas de los canópidos se alimentan de pulgones, por lo que los agricultores atraen a estos insectos plantando flores cerca de sus cultivos. Después, los pájaros se comerán a los canópidos.

Hazlo tú mismo

Comprueba con qué facilidad las plantas absorben los productos químicos.

1. Vierte un poco de agua en un vaso, hasta llenar unos 5 mm. Añade después una cantidad similar de colorante alimenticio rojo o azul.

2. Corta el extremo de un tallo de apio o una hoja de col e introdúcelas en el vaso. Vigílalas cada media hora para ver hasta dónde ha absorbido la planta el agua coloreada.

hoja de col

apio

colorante alimenticio

Más cosas para intentar

Fabrica flores de colores. Pon margaritas en agua con colorante alimenticio. Deja que absorban los tintes, y colócalas en un jarrón.

Cómo funciona

Las plantas necesitan agua para vivir. Absorben el agua de la tierra y lo transportan hasta las hojas a través de los tallos. El colorante alimenticio utilizado en este experimento llega hasta el tallo con el agua, tiñendo la planta de un color nada común. Del mismo modo, los productos químicos dañinos del terreno pueden estar presentes en las plantas que comemos.

55

¿Dónde va la basura?

Actualmente, producimos más basura que nunca, por lo que es de vital importancia deshacerse de ella de forma segura, sin dañar el medio ambiente. La basura que tiramos al cabo del año, equivalente a diez veces nuestro peso corporal, ha de enterrarse o quemarse. Cada día, miles de litros de agua sucia desaparecen por las tuberías. El agua ha de ser tratada antes de ser expulsada a ríos y océanos. La industria también produce desechos, que normalmente se queman o se arrojan a vertederos, ríos o mares.

Montañas de basura

La basura es una forma de desecho. Llega hasta el Monte Everest, donde los montañeros tiran los desperdicios a la ladera.

De dónde viene

La materia de desecho procede de diferentes fuentes. Las fábricas producen desechos líquidos y sólidos, además de gases. La ganadería intensiva produce excrementos. Y los hogares producen agua residual, junto a basura doméstica.

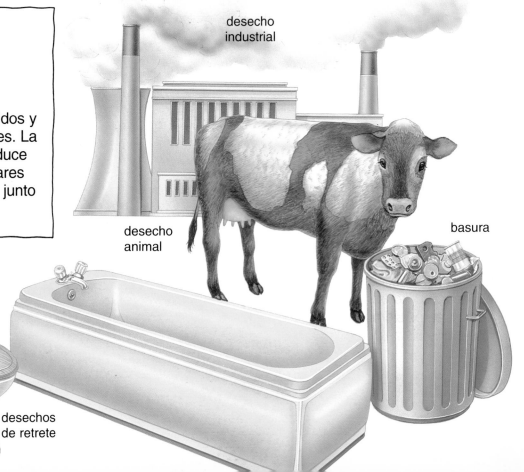

desecho industrial

desecho animal

basura

desechos de retrete

56

Es difícil deshacerse de forma segura de los desechos industriales tóxicos. Algunos deben experimentar tratamientos antes de ser devueltos al medio ambiente. Este proceso puede ser costoso.

Las tuberías que arrojan agua a los ríos son algo común en muchos países. Este agua a menudo contiene productos dañinos para animales y plantas.

¡Recoge la caca!

Los excrementos caninos son una forma de desecho desagradable. Podemos contribuir a la limpieza de parques y calles, depositando las cacas en cubos especiales.

Hazlo tú mismo

Organiza una «operación basura»

La basura es una de las formas de desecho más innecesarias. Estropea el medio ambiente y perjudica a la naturaleza. Reúne a algunos amigos y limpia tu calle, parque, patio o playa. Recoged toda la basura que encontréis, ponedla en bolsas de plástico y tiradla a un contenedor. No olvidéis usar guantes siempre que manejéis basura.

¿Qué puedo hacer?

Intenta reducir la basura a tu alrededor.

- No tires basura.
- Coloca un cartel en tu ventana que invite a conservar el barrio «libre de basura».
- Organiza una «operación basura» entre tus amigos y vecinos.
- No dejes que tu perro ensucie las calles o el parque. Si lo hace, asegúrate de recoger los restos.

57

Demasiado ruido

Las ciudades modernas son lugares muy ruidosos. El rugido del tráfico es constante y el sonido de maquinaria, alarmas y sirenas llena el aire.

El ruido es otra forma de contaminación. Algunas personas viven cerca de lugares como aeropuertos, que resultan ensordecedores cuando un avión despega o aterriza. Otras personas tienen que trabajar en fábricas ruidosas. El ruido puede afectar al oído, especialmente si se está expuesto a sonidos muy altos durante demasiado tiempo.

Observa

Nuestro mundo está lleno de sonidos que, con frecuencia, acabamos ignorando. Intenta grabar algunos sonidos cotidianos de tu casa. Escúchalos después y comprueba lo ruidosos que pueden ser.

¿Qué puedo hacer?

Intenta reducir el nivel de contaminación sonora.

- Baja el volumen de la música y la televisión en tu casa, para no molestar a tu familia o vecinos.
- No pongas la radio alta en la calle, donde podría molestar a otras personas.
- No des portazos.
- No subas o bajes corriendo las escaleras: intenta caminar sin prisa.

El ruido de los camiones, las bocinas y las perforadoras contribuyen al estruendo de una calle ruidosa. Incluso la música alta es una forma de contaminación sonora.

58

¡Menudo paisaje!

Cada día, se construyen nuevas carreteras a través de paisaje virgen. Para su construcción, hay que excavar roca en las canteras, fragmentando el paisaje. Las torres de alta tensión transportan la electricidad a todos los rincones, y nuevas fábricas y vertederos aparecen en lugares anteriormente cubiertos de praderas o bosques. Todas estas cosas estropean el paisaje y son formas de contaminación visual.

En ocasiones, podemos recuperar terrenos perdidos. Este bello parque solía ser un vertedero lleno de basura. Se ha cubierto de tierra y se han plantado árboles.

Las torres de alta tensión, vertederos y carreteras afean los paisajes hermosos. Muchos centros comerciales se construyen ahora fuera de las ciudades, estropeando el medio.

👁 Observa

Cuando salgas de viaje, busca formas de contaminación visual. ¿Qué tipo de cosas crees que estropean el paisaje?

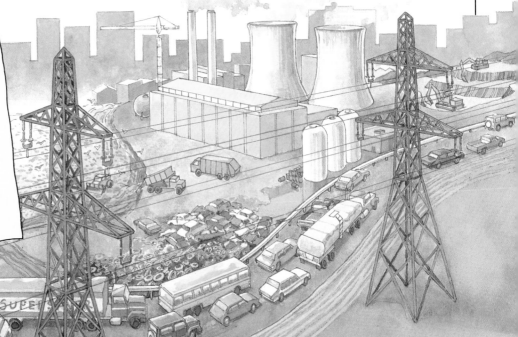

Contaminación en casa

Muchas de las sustancias utilizadas en el hogar pueden causar contaminación. Los productos de limpieza pueden ser especialmente dañinos. Uno de los más contaminantes es la lejía, usada para eliminar los gérmenes. Algunos detergentes contienen fosfatos que pueden contaminar ríos y lagos. Los perfumes artificiales de los limpiadores de muebles y ambientadores contaminan el aire. Incluso las medicinas pueden ser dañinas para el medio ambiente. Con el fin de reducir la polución, muchas sustancias domésticas son ahora «amigas del medio ambiente».

Mantente limpio

La limpieza es sana, y para mantenernos limpios utilizamos numerosos champúes, jabones y desodorantes. Pero los colores y perfumes añadidos a estos productos no son realmente necesarios y, en ocasiones, pueden llegar a irritar la piel.

La ilustración muestra algunas de las sustancias dañinas que puedes tener en casa. Lee las etiquetas de los productos de limpieza para ver si son «amigos del medio ambiente».

líquido lavaplatos

detergente en polvo

limpiador de muebles

suavizante para ropa

insecticida

disolvente

pintura

medicinas

líquido lavaplatos

limpiador de plata

limpiacristales

limpiador de suelos

ambientador

lejía

Hazlo tú mismo

En lugar de usar ambientadores artificiales, perfuma tu habitación con estas exquisiteces naturales.

1. Coge una naranja y átala un lazo de color brillante. Remátalo con un lazo grande. Recorta los extremos del lazo en forma de V.

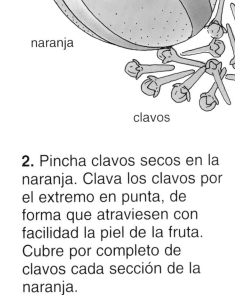

naranja

clavos

2. Pincha clavos secos en la naranja. Clava los clavos por el extremo en punta, de forma que atraviesen con facilidad la piel de la fruta. Cubre por completo de clavos cada sección de la naranja.

ambientador natural

Más cosas para intentar

Otra forma natural de mantener la habitación perfumada es emplear popurrí. Es muy fácil de hacer. Necesitarás lavanda y flores secas moradas y azules, como espuelas de caballero. Puedes comprarlas en floristerías y grandes almacenes. Pon las flores en un cuenco y añade especias. Mezcla los ingredientes con los dedos. Colócalos después en una bolsa de plástico. Cierra bien la bolsa y guárdala en un lugar seco y oscuro durante seis meses. Transcurrido este tiempo, echa el popurrí en un cuenco bonito.

popurrí

¿Qué puedo hacer?

- Asegúrate de que los productos de limpieza que compráis sean biodegradables. Esto significa que se disolverán fácilmente y no contaminarán.
- Lleva las sustancias dañinas como pinturas, pilas y medicinas viejas al centro de reciclaje local.

¡Recíclalo!

¿Por qué tirar algo que podría reciclarse (reutilizarse) para fabricar algo nuevo? Reciclar tiene mucho sentido. Cuanto más reciclamos, menos basura acaba en los vertederos. El reciclaje también reduce la necesidad de materias primas y ahorra energía. Es especialmente importante reciclar metales escasos, como el cobre y el plomo. Algunas ciudades cuentan con centros de reciclaje especiales donde llevar la basura. Su uso disminuye el riesgo contaminación.

Observa

Busca en casa cosas que puedan reciclarse. Puede tratarse de papel de aluminio, latas, botellas de cristal, bolsas de plástico, botes, periódicos, cajas de cartón y ropa vieja.

Hazlo tú mismo

Crea máscaras monstruosas de papel reciclado con periódicos viejos y restos de basura.

1. Primero, haz las máscaras básicas de papier–mâché. Infla un globo que servirá de molde: sacarás dos máscaras.

2. En un cuenco pequeño, prepara cola de empapelar o fabrica una pasta densa con harina y agua.

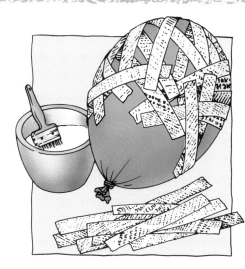

3. Corta tiras de periódico de 3 cm de ancho. Con la ayuda de una brocha, unta una tira con cola y pégala al globo.

4. Cubre el globo con una capa de tiras de periódico. Añade tres capas más de periódico. Deja secar el papier–mâché durante uno o dos días.

5. Pincha el globo y corta la esfera de papier–mâché a la mitad con unas tijeras. A continuación, recorta agujeros para los ojos y la boca.

6. Aplica una capa de pintura blanca sobre ambos lados de las máscaras. Cuando esté seca, pinta las máscaras de colores brillantes.

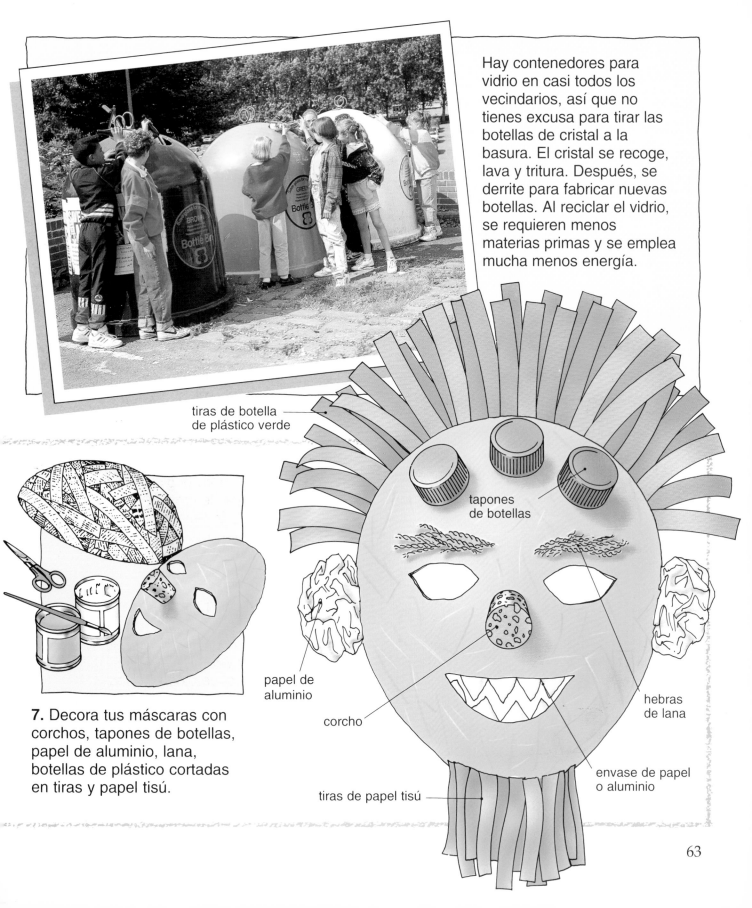

Hay contenedores para vidrio en casi todos los vecindarios, así que no tienes excusa para tirar las botellas de cristal a la basura. El cristal se recoge, lava y tritura. Después, se derrite para fabricar nuevas botellas. Al reciclar el vidrio, se requieren menos materias primas y se emplea mucha menos energía.

tiras de botella de plástico verde

tapones de botellas

papel de aluminio

corcho

hebras de lana

envase de papel o aluminio

tiras de papel tisú

7. Decora tus máscaras con corchos, tapones de botellas, papel de aluminio, lana, botellas de plástico cortadas en tiras y papel tisú.

63

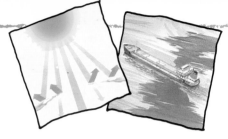

Índice

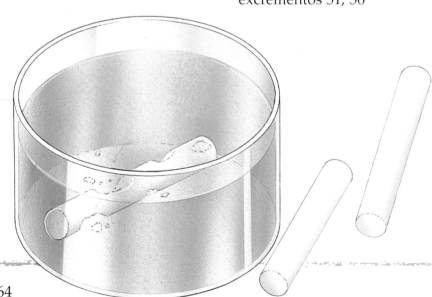

ENERGÍA
Y ELECTRICIDAD

Sobre este capítulo

Este capítulo trata sobre la energía y la electricidad, y explica cómo estamos dañando el medio ambiente haciendo un excesivo uso de ellas. También te da muchas ideas nuevas y experimentos sobre cómo contribuir a hacer de nuestro mundo un lugar más limpio y seguro.

Podrás encontrar casi todo lo que necesitas para hacerlo en tu propia casa. Protégete con guantes de goma siempre que manejes basura.

Trucos para las actividades

• Antes de empezar un experimento, lee las instrucciones con atención y prepara todo lo necesario.

• Cuando hayas acabado, recoge todo, especialmente los objetos afilados como cuchillos y tijeras, y lávate las manos.

• Vas a empezar un cuaderno especial. Anota en él lo que haces y los resultados obtenidos en cada proyecto.

Contenido

¿Qué es la energía?

La energía está en todas partes. Podemos verla como luz, oírla como sonido y sentirla como calor. Existen además otras formas de energía, como la eléctrica, química y mecánica. Utilizamos la energía eléctrica para obtener electricidad para nuestros hogares, y la química para impulsar nuestros coches. Pero, como verás, cuando usamos energía, con gran frecuencia dañamos también el medio ambiente.

Un relámpago es una chispa de electricidad gigante. La energía de un solo rayo iluminaría una ciudad durante un año.

fábrica

bicicletas

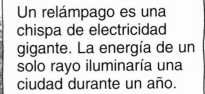

cisterna

casa

Utilizamos la energía eléctrica para calentar e iluminar casas, fábricas, oficinas y colegios. La electricidad también nos alumbra las calles de noche.

Hazlo tú mismo

Observa cómo la energía puede hacer girar cosas. Deberás pedir a un adulto que te encienda la vela.

1. Dibuja una serpiente como la de la ilustración sobre un trozo de papel. Recórtalo y añade una lengua roja y dos ojos. Por último, ata un hilo a la cabeza de la serpiente.

2. Cuelga la serpiente sobre una vela encendida, manteniendo la cola a cierta distancia de la llama… Y observa cómo gira. (Asegúrate de apagar la vela cuando hayas acabado.)

Cómo funciona

Una vela encendida genera dos formas de electricidad: calorífica y lumínica. El calor hace que el aire se eleve, lo que, a su vez, hace girar la serpiente.

bolígrafo

lengua roja

tijeras

papel de color

vela

bloque de oficinas

camión

La energía necesaria para mover la bicicleta procede del ciclista. Los coches y camiones toman su energía de la gasolina y el gasóleo. Algunas casas se calientan con fuel. Estos combustibles se transportan en vehículos especiales llamados cisternas.

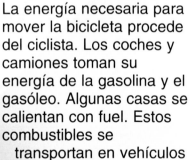

Alimentos sanos

Usamos energía para movernos, crecer y estar sanos. La energía que utilizamos procede de los alimentos que comemos.

gasolinera

farola

coches

69

Energía eléctrica

La energía puede transformarse. Por ejemplo, cuando la electricidad atraviesa una bombilla, la energía eléctrica se convierte en energía calorífica y lumínica. La mayor parte de la electricidad que usamos se produce en centrales eléctricas. Pero éstas también necesitan una fuente de energía, por lo general procedente de combustibles como el petróleo, gas y carbón. En el interior de la central eléctrica, la energía química del combustible se transforma en energía eléctrica.

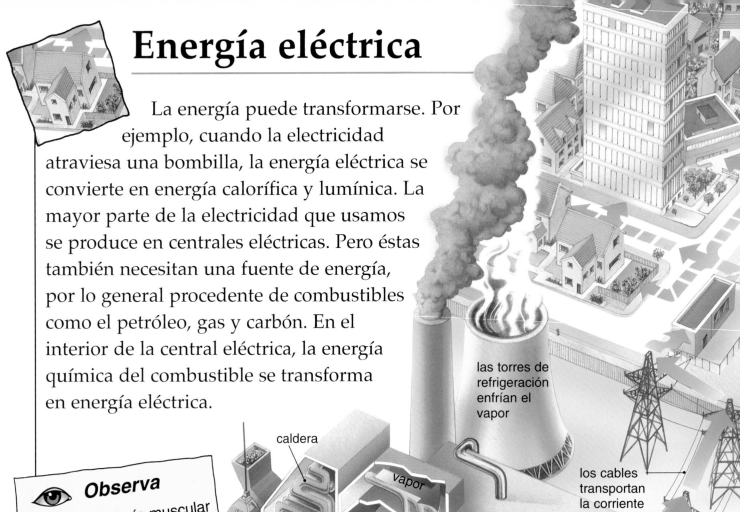

las torres de refrigeración enfrían el vapor

los cables transportan la corriente

torre de alta tensión

caldera

vapor

carbón

el vapor hace girar la turbina

el generador produce electricidad

👁 Observa

Utiliza la energía muscular para encender una bombilla, colocando una luz de dinamo en tu bici. Al pedalear, las ruedas giran y un generador diminuto de la dinamo genera electricidad.

En una central eléctrica, se quema carbón en una caldera. El calor convierte el agua en vapor, que hace girar una rueda llamada turbina. Ésta pone en funcionamiento un generador que transforma la energía motriz en eléctrica. Los cables eléctricos, sujetos por torres de alta tensión, transportan la electricidad a hogares y fábricas.

Hazlo tú mismo

Construye tu propia turbina. Necesitarás la ayuda de un adulto.

1. Corta un círculo de 8 cm de diámetro de un recipiente o envoltorio de aluminio. Haz un agujerito en el centro y practica cortes con las tijeras tal como muestra la ilustración. Gira ligeramente las secciones, para dar forma a las aspas.

2. Pide a un adulto que haga dos agujeritos en la parte superior de una lata de bebida llena: uno en el centro y el otro a 15 mm. Vacía la bebida y vierte 100 ml de agua en la lata.

Muchas centrales eléctricas tienen torres de refrigeración. El vapor caliente se enfría en su interior y se convierte en agua. El agua se devuelve a la caldera, donde se vuelve a calentar.

3. Para hacer el soporte, corta un trozo de aluminio de 20 cm de largo y 4 cm de ancho. Dóblalo a la mitad a la larga. Depués, dóblalo como muestra la ilustración, de forma que encaje en la parte superior de la lata. Haz un agujerito a 5 cm de cada lado del soporte.

4. Coloca el soporte sobre la lata con un tornillo pequeño. Atraviesa la rueda con un palito de 10 cm de largo y pasa éste por los agujeros laterales del soporte.

5. Asegúrate de que las aspas de la rueda queden colocadas sobre los agujeritos de la lata. A continuación, pide a un adulto que ponga la turbina a calentar a fuego lento. Cuando el agua hierva, el vapor que escape hará girar la rueda de la turbina.

lata de bebida

tornillo

palito

soporte

aspas de la rueda

calor

El precio de la electricidad

Los combustibles que quemamos para producir electricidad liberan gases dañinos que contaminan el aire. Con frecuencia, estos gases flotan por encima de las ciudades, creando una nube de contaminación (aire sucio). Algunos gases se mezclan con agua en el aire y forman ácidos. Cuando llueve, el ácido de la lluvia daña los bosques y lagos. El combustible quemado libera también el gas dióxido de carbono. Esto se denomina «gas invernadero», ya que atrapa el calor solar en la atmósfera, igual que el cristal atrapa el calor en un invernadero. Este calor hace que la atmósfera se caliente, lo que puede provocar cambios climáticos.

Muchos niños padecen una enfermedad llamada asma. Tienen dificultades al respirar y deben usar un inhalador. Los médicos creen que la polución del aire puede ser la causa.

Ayer y Hoy

el dióxido de carbono atrapa menos calor

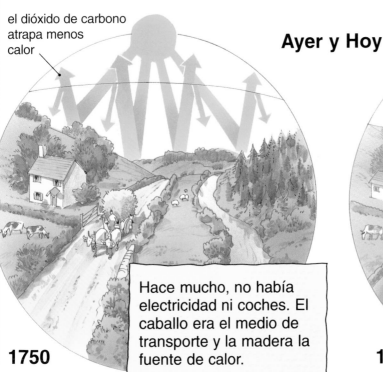

1750

Hace mucho, no había electricidad ni coches. El caballo era el medio de transporte y la madera la fuente de calor.

el dióxido de carbono atrapa más calor

contaminación   humos

lluvia ácida

1995

Ahora hay muchas más personas. Las fábricas y el transporte producen toneladas de gases que contaminan la atmósfera.

Hazlo tú mismo

Intenta crear contaminación en un frasco de cristal. Necesitarás que un adulto prenda el papel.

1. Busca un tarro grande y enjuágalo con agua. No seques el tarro: debe estar ligeramente húmedo.

hielo

papel retorcido

tarro húmedo

papel de aluminio

Una densa capa de contaminación flota sobre Nueva York, en EE UU, dificultando la visibilidad de los edificios.

2. Corta un trozo de papel de aluminio un poco más grande que la boca del tarro. Coloca unos hielos sobre un papel.

3. Recorta un trocito de periódico. Dóblalo un par de veces y retuércelo.

4. Pide a un adulto que prenda el papel y mételo en el tarro. Cubre el tarro con el papel de aluminio y observa lo que ocurre. (No te apures si la llama se apaga.)

Cómo funciona

El humo del papel quemado se eleva en el aire caliente. Cuando llega al aire enfriado por el hielo, desciende hacia el centro, donde se mezcla con el agua en el aire y forma una nube de contaminación. Cuando el tiempo es húmedo y cálido, esto es lo que ocurre sobre las ciudades que producen mucho humo.

contaminación

73

La crisis del coche

El automóvil es el medio de transporte más popular. Cada día, aparecen más de 100 000 coches nuevos en las carreteras. Pero cada vez que usamos el coche estamos contaminando la atmósfera. Esta contaminación es especialmente mala en las ciudades donde el tráfico llena las calles a las horas punta. Está causada por los humos de los coches, compuestos de gases dañinos como el dióxido de sulfuro, monóxido de carbono y óxidos de nitrógeno. También contiene motas de hollín. Para reducir la contaminación, debemos diseñar coches más limpios e intentar disminuir su uso.

La contaminación producida en la hora punta de Bangkok, Tailandia, es tan grave que ha formado una nube que flota sobre la ciudad.

¿Qué puedo hacer?

- Camina o usa la bicicleta en recorridos cortos.
- Usa el transporte público en lugar del coche siempre que sea posible.
- En recorridos regulares, averigua si tu familia puede unirse con otra y usar un coche en lugar de dos.

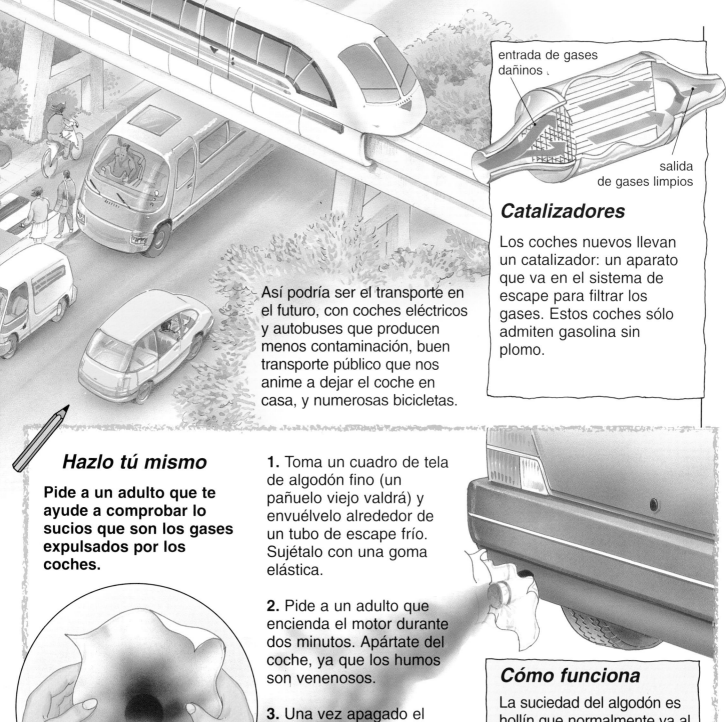

entrada de gases
dañinos

salida
de gases limpios

Catalizadores

Los coches nuevos llevan
un catalizador: un aparato
que va en el sistema de
escape para filtrar los
gases. Estos coches sólo
admiten gasolina sin
plomo.

Así podría ser el transporte en
el futuro, con coches eléctricos
y autobuses que producen
menos contaminación, buen
transporte público que nos
anime a dejar el coche en
casa, y numerosas bicicletas.

Hazlo tú mismo

**Pide a un adulto que te
ayude a comprobar lo
sucios que son los gases
expulsados por los
coches.**

1. Toma un cuadro de tela
de algodón fino (un
pañuelo viejo valdrá) y
envuélvelo alrededor de
un tubo de escape frío.
Sujétalo con una goma
elástica.

2. Pide a un adulto que
encienda el motor durante
dos minutos. Apártate del
coche, ya que los humos
son venenosos.

3. Una vez apagado el
motor, pide a un adulto
que retire el algodón.
Comprueba cómo está de
sucio.

Cómo funciona

La suciedad del algodón es
hollín que normalmente va al
aire. Cuando respiramos,
introducimos este hollín y
humo en nuestros pulmones.

Combustibles naturales

Todos los seres vivos dependen del Sol como fuente de energía. Las plantas utilizan la energía luminosa para fabricar su alimento: una forma de energía química. Los animales comen plantas para utilizar la energía química almacenada en su interior. Los combustibles de los que dependemos (carbón, gas y petróleo) también contienen energía química. Se llaman «fósiles» porque su energía procede de organismos que murieron hace millones de años. Al morir, sus cuerpos quedaron enterrados y sus restos se transformaron en carbón, gas y petróleo.

Petróleo bajo tierra

El petróleo se compone de restos de animales muertos hace millones de años. Las explotaciones petrolíferas perforan el terreno y extraen el crudo.

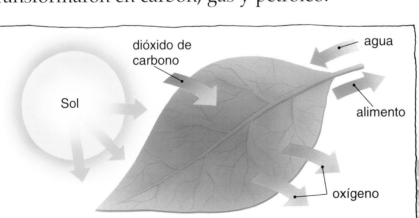

Energía solar

Las plantas capturan la energía luminosa del Sol y la utilizan para fabricar alimento en la fotosíntesis. En el interior de las hojas, el gas dióxido de carbono se combina con agua para fabricar azúcares y almidón. El oxígeno producido es devuelto al aire.

Hazlo tú mismo

Realiza este sencillo experimento y comprueba si las plantas necesitan luz para crecer.

1. Coloca algodón húmedo sobre tres tapas de tarros de cristal. Echa unas cuantas semillas de berros por encima.

2. Pon una tapa en un alféizar soleado y otra en un armario oscuro. Recorta un agujero en una caja de cartón y sitúa la tercera tapa en el interior. Cierra la caja.

3. Deja crecer las hierbas durante una semana, manteniendo húmedo el algodón.

Cómo funciona

Las semillas del alféizar crecen bien porque tienen luz suficiente. Las del armario se marchitaron y murieron ya que, sin luz, no pueden fabricar alimento y crecer. Las semillas de la caja crecen en dirección al agujero para obtener luz.

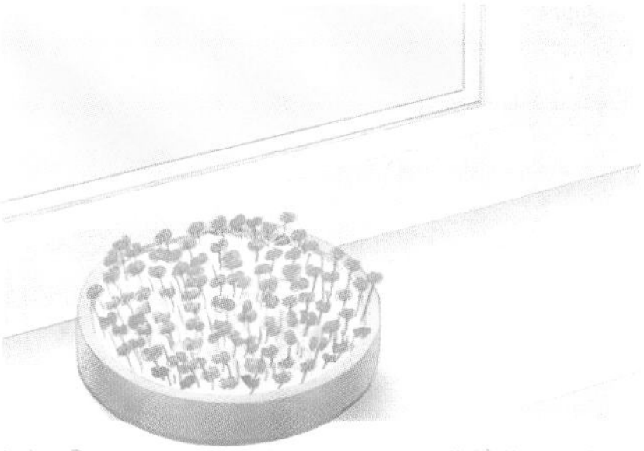

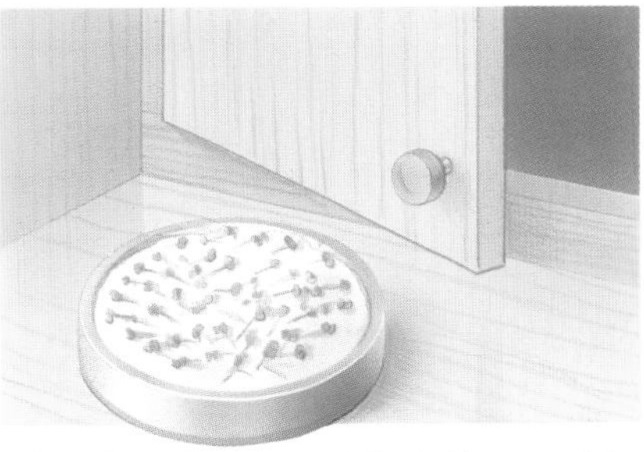

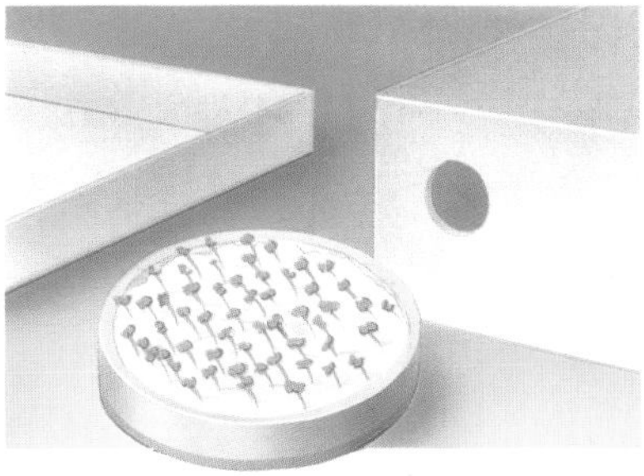

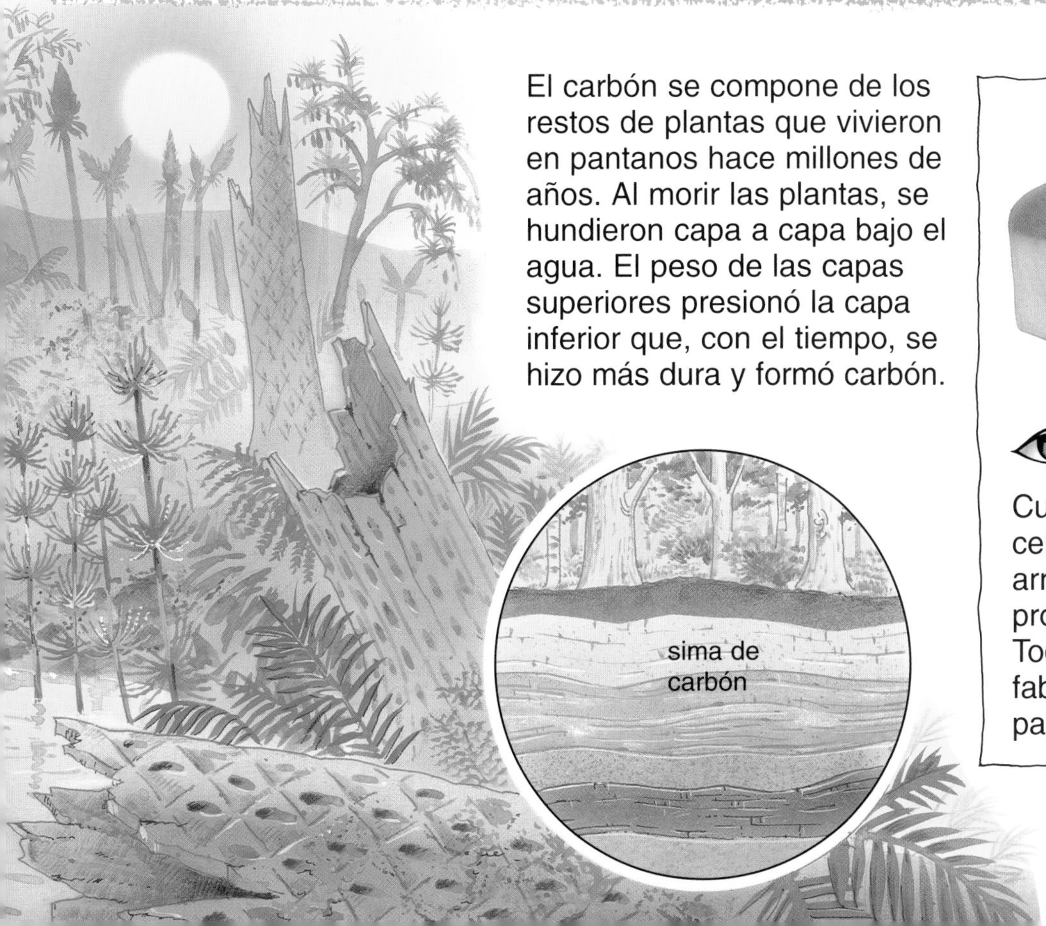

El carbón se compone de los restos de plantas que vivieron en pantanos hace millones de años. Al morir las plantas, se hundieron capa a capa bajo el agua. El peso de las capas superiores presionó la capa inferior que, con el tiempo, se hizo más dura y formó carbón.

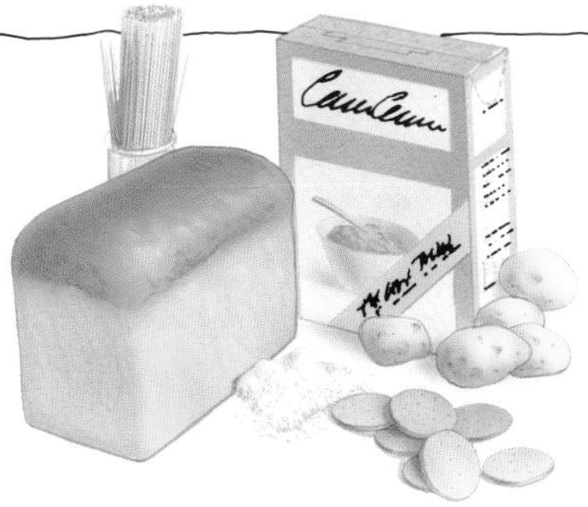

Observa

Cuando comas pan, cereales, patatas, pasta o arroz, plantéate de dónde procede dicho alimento. Todos contienen almidón fabricado por las plantas a partir de la energía solar.

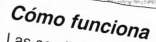

Otros combustibles naturales

El carbón, petróleo y gas no son los únicos combustibles que nos brinda la naturaleza. En algunas partes del mundo, como Irlanda y Siberia, se utiliza una sustancia llamada turba. La turba es el primer paso en el largo proceso de formación del carbón. Es más blanda y no es tan rica en energía, pero puede arder, e incluso puede emplearse para generar electricidad. La madera también es un buen combustible: mucha gente aún la utiliza para calentar sus hogares y cocinas.

quema de combustible

oxígeno

energía
más agua y dióxido de carbono

Combustión

Los combustibles contienen gran cantidad de energía química. Al arder, entran en reacción con el oxígeno del aire y liberan calor y energía luminosa, además de agua y dióxido de carbono. El término para describir algo que arde en el aire es combustión.

La madera es un combustible importante en los países pobres, donde se recoge y quema en fuegos para cocinar y hervir agua.

En busca de turba

La turba aún es un combustible importante en Irlanda, donde se excava y se extrae en trozos parecidos a ladrillos. Los ladrillos de turba se dejan secar antes de arder en fuegos y estufas del hogar.

Reservas a la baja

Tan sólo hay una cantidad limitada de combustibles fósiles. Una vez que las reservas se han acabado, no pueden reemplazarse. Los combustibles fósiles no son renovables. La madera también se está consumiendo con gran rapidez. Se puede replantar árboles, pero tardarán más de 50 años en crecer. Por ello, si no queremos quedarnos sin energía, es necesario encontrar fuentes de energía alternativas.

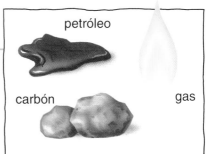

petróleo

carbón

gas

¿Cuánto queda?

Hay carbón suficiente para otros 300 años. Pero el petróleo y el gas pueden agotarse en los próximos 50 años.

¿Qué puedo hacer?

Si todos usáramos menos energía, las reservas de combustibles fósiles durarían más. Procura apagar las luces, usar menos el coche y ponerte un jersey en lugar de encender la calefacción.

Hazlo tú mismo

Fabrica troncos de papel y quémalos como combustible.

1. Haz tiras un periódico y ponlas en un balde de agua caliente. Aplasta el papel con una cuchara de madera hasta formar una pulpa.

2. Saca la pulpa del agua con un tamiz. Toma un puñado de pulpa y escurre todo el agua, moldeándolo en forma de tronco.

3. Fabrica varios troncos y déjalos secar. Después pide a un adulto que te ayude a prenderlos fuego.

periódico en tiras

escurre bien el agua

troncos de papel

79

Energía nuclear

En lugar de emplear combustibles fósiles para generar electricidad, podemos hacer uso de la «energía nuclear». La energía nuclear procede de un metal llamado uranio. El uranio está compuesto de partículas diminutas llamadas átomos. Cuando un átomo de uranio se divide en partículas más pequeñas, se libera una gran cantidad de calor, que puede utilizarse para generar electricidad. Sin embargo, los productos de desecho nucleares son muy peligrosos y su eliminación es un grave problema.

Residuos radiactivos

La energía nuclear produce una forma de energía peligrosa, la radiactividad, capaz de contaminar a personas y animales. Los residuos radiactivos de las centrales nucleares llevan este símbolo de peligro.

Energía de los átomos

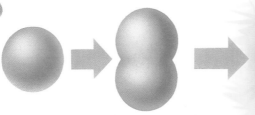

neutrón lanzado a un átomo

el átomo se divide

se produce energía calorífica

se liberan neutrones

superficie solar

En una reacción nuclear, se lanzan partículas diminutas llamadas neutrones sobre átomos de uranio a gran velocidad. Los átomos de uranio se dividen, liberando más neutrones y una gran cantidad de energía calorífica. Los neutrones chocan con más átomos de uranio, dividiéndolos. Esto se denomina una reacción de fisión. Otro tipo de reacción nuclear, llamada fusión, tiene lugar de forma continua en la superficie solar.

Los científicos utilizan una máquina llamada contador Geiger para averiguar la radiactividad de la tierra y animales después de un escape nuclear. A veces, los ganaderos pintan sus ovejas de amarillo para mostrar que están contaminadas con radiactividad.

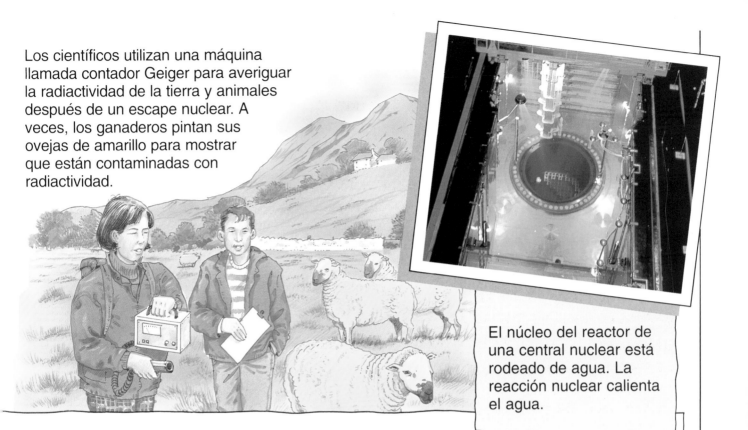

El núcleo del reactor de una central nuclear está rodeado de agua. La reacción nuclear calienta el agua.

Generando electricidad

En una central nuclear, el uranio en barras se aloja en el interior de un reactor, protegido con blindajes para evitar cualquier escape. El calor de la reacción nuclear calienta el agua que rodea el reactor. Este agua caliente se convierte en vapor al llegar al generador. El vapor se utiliza para hacer girar las turbinas, que generan electricidad.

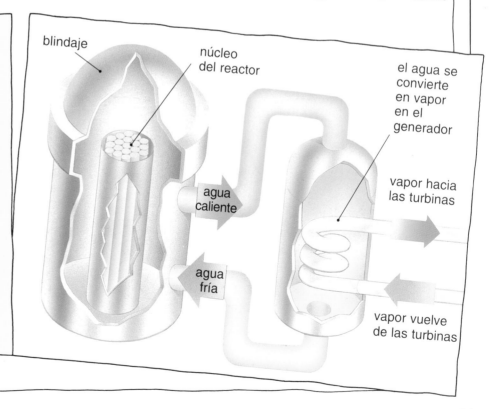

blindaje

núcleo del reactor

el agua se convierte en vapor en el generador

agua caliente

vapor hacia las turbinas

agua fría

vapor vuelve de las turbinas

81

Energía solar

El Sol es como una enorme central de energía que libera grandes cantidades de energía luminosa y calorífica. Proporciona una fuente gratuita de energía que no se agotará. Los científicos han desarrollado muchas formas de hacer uso de la energía solar. Los paneles solares absorben la energía del sol y calientan el agua de hogares y fábricas. Otros paneles, llamados fotovoltáicos, pueden transformar la luz directamente en electricidad. Ambos usos de la energía solar producen muy poca contaminación.

 Observa

En un día soleado, una manguera actúa como un panel solar. Absorbe la energía del sol, que calienta el agua del interior. Los gatos adoran tumbarse en ellas y disfrutar del calor.

Hazlo tú mismo

Haz té utilizando la energía del sol.

1. Toma dos botellas de vidrio transparente del mismo tamaño. Pinta una de negro. Introduce dos bolsitas de té en cada botella y llénalas de agua fría.

2. Deja las botellas en un alféizar soleado durante al menos seis horas. Con un termómetro, comprueba la temperatura del agua cada dos horas para ver qué botella se calienta antes. Observa cómo se oscurece el agua al hacerse el té.

bolsitas de té

agua

termómetro

Cómo funciona

La energía del sol calienta el agua y hace el té. Debido a que el cristal negro absorbe el calor mejor que el transparente, el agua de la botella negra se calentará más rápido y el té se hará antes.

Cómo atrapar la energía solar

Paneles solares como los del diagrama se colocan sobre el tejado de una casa y se utilizan para calentar agua. El agua absorbe el calor a medida que circula por las tuberías del panel. En mayor escala, esta central de energía solar de California lleva a cabo la misma función. Miles de espejos reflejan la luz solar sobre tuberías que contienen un aceite especial. El aceite se calienta hasta 575°C y se emplea para producir vapor que, a su vez, hace girar una turbina que genera electricidad.

cristal

entrada de agua fría

tuberías de agua

salida de agua caliente

material negro para absorber el calor

Este singular automóvil, llamado *Sunraycer*, está impulsado por energía solar. Ganó la primera carrera internacional de coches solares en 1987, recorriendo más de 3 140 km a lo largo de Australia.

 Observa

Busca pequeños objetos accionados por energía solar, como calculadoras, relojes y radios. Éstos usan células fotovoltaicas para convertir la energía luminosa en eléctrica.

Energía eólica

El viento es otra forma libre de energía que puede atraparse y emplearse para producir electricidad. Llevamos siglos utilizando la energía eólica. En el pasado, se construyeron molinos que hacían girar una enorme piedra utilizada par moler el trigo. Otros molinos más pequeños aún se usan para extraer agua de pozos. Hace aproximadamente 25 años, aparecieron en EE UU los primeros generadores eólicos. Desde entonces, se han construido muchos más en todo el mundo. El viento nunca deja de soplar, lo que hace de la energía eólica una fuente importante de energía renovable.

Molinos

Los molinos tradicionales para moler trigo son aún habituales en países como España y Holanda. Este molino tiene cuatro grandes aspas para atrapar el viento.

Estación eólicas

Una estación eólica es un grupo de generadores eólicos. Ésta se encuentra en California, EE UU, en las montañas que rodean a la ciudad de Los Angeles. Es una zona de muchos vientos, ideal para la energía eólica.
Cada generador tiene dos o tres aspas largas. Cuando las aspas giran, ponen en funcionamiento una turbina que genera electricidad.

Hazlo tú mismo

Construye este torno accionado por energía eólica y comprueba cómo puedes emplear la energía del viento para elevar objetos.

1. Pega con cinta adhesiva una bobina de hilo a la parte superior de un palo de 25 cm de largo.

2. Corta cuatro trozos de cartón de 5 cm x 3 cm para las aspas. Pega cada aspa al extremo de un palillo. Después, pincha el otro extremo de los palillos en un corcho y gira las aspas.

3. Clava el corcho en el extremo con punta de un lapicero. Atraviesa la bobina con el lapicero. Asegúrate de que el lápiz gira sin problema en el interior.

4. Introduce una bobina (con hilo) más pequeña en el extremo romo del lápiz. Si el agujero es demasiado grande, rodea el extremo del lapicero con papel para que ajuste.

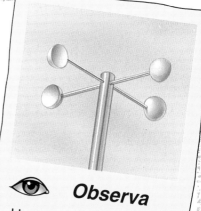

👁 *Observa*

Un anemómetro gira en el viento y sirve para medir la velocidad de éste. Intenta encontrar uno.

materiales

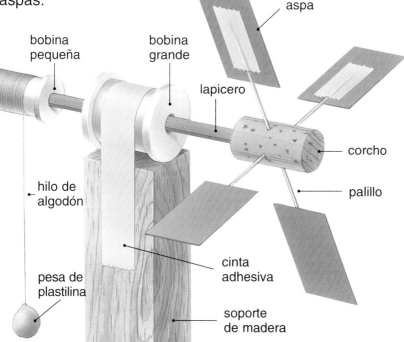

bobina pequeña

bobina grande

aspa

lapicero

corcho

palillo

hilo de algodón

pesa de plastilina

cinta adhesiva

soporte de madera

5. Desenrolla unos 20 cm de hilo de la bobina pequeña y ata una bolita de plastilina al hilo para que actúe de pesa.

6. Sopla en las aspas para ver si tu torno puede levantar la pesa. Tal vez necesites cambiar la dirección de las aspas, o hacer la pesa más pequeña, para lograr que la máquina funcione a la perfección. Prueba tu máquina en el exterior.

Energía hidroeléctrica

El agua en movimiento es una importante fuente de energía. Hace siglos, se construían molinos junto a los ríos y se utilizaban para moler el trigo, igual que los molinos de viento. En la actualidad, el agua en movimiento se emplea para generar electricidad. Se construyen enormes presas hidroeléctricas, a lo largo de los ríos para generar electricidad para las ciudades cercanas. Las aguas del océano también están en movimiento: las olas y mareas se utilizan ahora como fuente de energía.

Las presas hidroeléctricas se construyen allí donde los ríos presentan saltos en su curso. El agua que cae de lo alto hace girar una enorme turbina que genera electricidad.

Hazlo tú mismo

Fabrica tu propio molino de agua con una botella de plástico. Pide a un adulto que te ayude a cortar el plástico.

1. Corta una botella de plástico en tres secciones, tal como muestra la ilustración. La sección central debería medir 8 cm. A continuación, corta cuatro tiras, de 2 cm de ancho, de la parte central. Corta las tiras a la mitad, de forma que obtengas ocho aspas.

botella de plástico

sección central

sección base

aspas

corcho

2. Dibuja ocho líneas espaciadas en el corcho. Practica cortes sobre las líneas con un cuchillo afilado e introduce un aspa en cada uno.

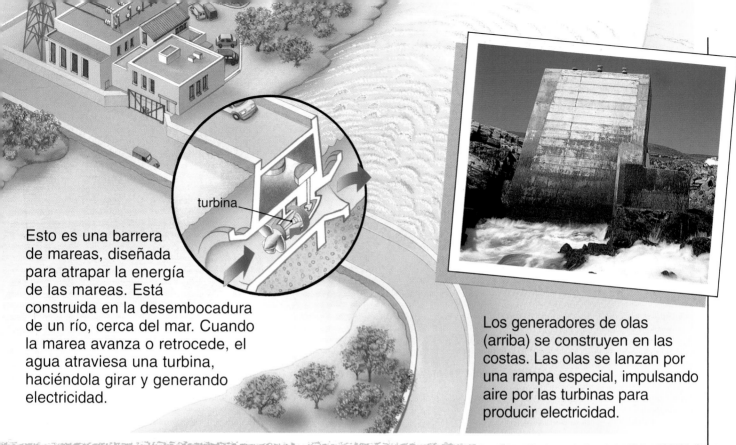

Esto es una barrera de mareas, diseñada para atrapar la energía de las mareas. Está construida en la desembocadura de un río, cerca del mar. Cuando la marea avanza o retrocede, el agua atraviesa una turbina, haciéndola girar y generando electricidad.

turbina

Los generadores de olas (arriba) se construyen en las costas. Las olas se lanzan por una rampa especial, impulsando aire por las turbinas para producir electricidad.

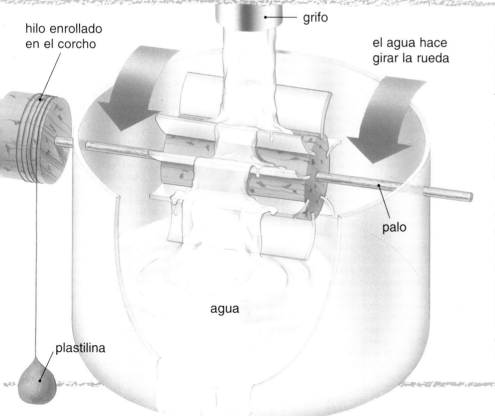

hilo enrollado en el corcho

grifo

el agua hace girar la rueda

palo

agua

plastilina

3. Recorta una parte de la base de la botella. Después, haz un agujero a cada lado, justo por debajo del borde.

4. Corta a la mitad una varilla de madera. Introduce una mitad por cada agujero y clávalas en el corcho.

5. Coloca un segundo corcho en el extremo de uno de los palitos. Ata y enrolla un hilo al corcho, y pega un poco de plastilina al final de la hebra. Pon ahora el molino de agua bajo el grifo. Abre el grifo y observa cómo tu máquina levanta el peso.

Energía subterránea

Las rocas calientes del interior de la superficie terrestre se han empleado como fuente de calor a lo largo de los siglos. El agua que recorre las fisuras de las rocas puede alcanzar temperaturas de hasta 350°C. El agua caliente puede atraerse a la superficie y emplearse para generar electricidad. Esto se denomina energía geotérmica. Es una fuente de energía muy importante en países como Islandia y Nueva Zelanda.

A veces, el agua y el vapor calientes son expulsados de la tierra en forma de géiseres y manantiales de agua caliente. En Islandia, calientan las casas con agua de estos manantiales.

Energía de las rocas calientes

Las centrales de energía geotérmica se construyen en lugares donde hay agua muy caliente en el interior de las rocas. Se taladra una tubería en las rocas que permite el escape del vapor hacia la superficie, donde se emplea para mover una turbina y generar electricidad para los hogares y fábricas. El agua se devuelve a la tierra, donde sustituye al agua caliente recién extraída.

ascenso de agua caliente

descenso de agua fría

rocas calientes

Las maravillas de los desechos

La basura podría ser una fuente de energía barata, si la aprovecháramos mejor. Durante muchos años, la hemos enterrado en vertederos. La descomposición de la basura libera un gas llamado metano. Normalmente escapa en el aire, pero puede recogerse y quemarse para obtener agua caliente o electricidad para los hogares. O, en lugar de enterrar la basura, tal vez podríamos emplearla como combustible para producir electricidad.

En algunas partes del mundo, como en India, el estiércol se recoge y se seca. Después, podrá arder en fuegos para la cocina y la calefacción.

Hazlo tú mismo

Comprueba que la basura en descomposición despide un gas.

1. Deja unos guisantes o alubias a remojo durante la noche. Introdúcelos después en una bolsa de plástico transparente.

2. Expulsa todo el aire de la bolsa y ciérrala. Deja la bolsa en un lugar cálido durante una semana. Comprueba lo que ha ocurrido. (Una vez acabado el experimento, tira la bolsa sin abrirla.)

Cómo funciona

Los guisantes o alubias comienzan a pudrirse debido a la acción de organismos diminutos del aire llamados bacterias. En su descomposición, liberan el gas metano, que infla la bolsa.

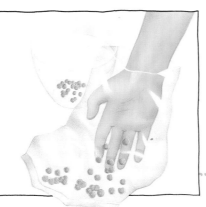

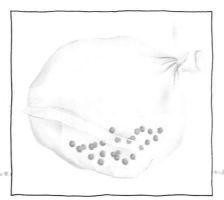

Energía en el hogar

Todos los hogares utilizan energía, pero ¿para qué se necesita? Las casas modernas tienen cables que llevan la electricidad a todas las habitaciones, proporcionando energía para las luces y electrodomésticos. Los combustibles como el petróleo, gas y carbón también pueden arder en calderas, facilitando agua caliente para la calefacción y la limpieza. Las pilas son almacenes de energía que contienen productos químicos que entran en reacción para formar una corriente eléctrica. Algunas pilas pueden recargarse muchas veces, con una fuente de energía como el Sol o la electricidad.

calefacción
agua
caliente
aparatos
eléctricos

¿Dónde va?

Más de la mitad de la energía del hogar se va en calefacción. Un cuarto se emplea en aparatos eléctricos y un quinto en calentar agua.

Los dormitorios modernos consumen mucha energía. Empleamos pilas para los juguetes y electricidad para la televisión y la radio.

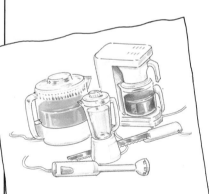

👁 Observa

Las cocinas necesitan mucha energía. ¿Imaginas por qué? Para hacerte una idea, cuenta los aparatos eléctricos de tu cocina. ¿Cuántos hay en comparación con el dormitorio?

Hazlo tú mismo

Realiza un control de la energía consumida en tu casa.

Anota las lecturas del gas y la electricidad. Regresa tres horas después y comprueba cuánto han aumentado. Toma lecturas a diferentes horas del día y del año, para ver cómo varía la cantidad de energía consumida.

La calefacción e iluminación consumen energía. Pero sólo son necesarias cuando hace frío o está oscuro.

Muchas personas tienen ordenadores encendidos durante horas. Los ordenadores consumen mucha electricidad.

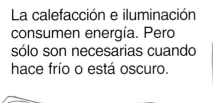

Pilas portátiles

Las pilas son una fuente de energía muy útil, ya que no han de enchufarse a la red eléctrica. Pueden utilizarse en cualquier lugar para alimentar aparatos portátiles. Sin embargo, no duran demasiado, ya que los productos químicos que contienen se agotan pronto.

91

¡Ahorra energía!

Todos usamos demasiada energía. Si reducimos la cantidad que utilizamos cada día, crearemos menos contaminación y los combustibles fósiles durarán más tiempo. Existen muchas formas de ahorrar energía en el hogar. Las casas pueden construirse con sistemas de aislamiento mejores, evitando así el escape de calor. Las bombillas de bajo consumo son ya algo habitual y las etiquetas de muchos aparatos eléctricos indican su consumo, lo que permite adquirir los más económicos.

Observa

¿Utiliza tu familia bombillas de bajo consumo? Duran unas ocho veces más que las otras bombillas y consumen tan sólo un cuarto de electricidad.

Hazlo tú mismo

El aislamiento evita que el calor escape. Haz este sencillo experimento y comprueba qué materiales guardan el calor durante más tiempo.

Envuelve cuatro botellas con materiales diferentes y vierte la misma cantidad de agua caliente (del grifo) en cada una de ellas. Toma la temperatura del agua de cada botella cada cinco minutos. Transcurridos 20 minutos, ¿qué material es el mejor aislante? ¿Cuál usarías para calentarte?

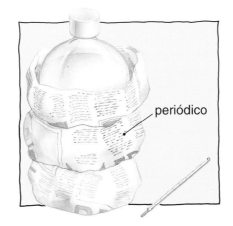

periódico

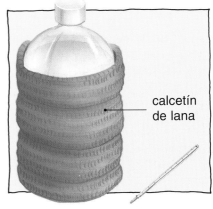

calcetín de lana

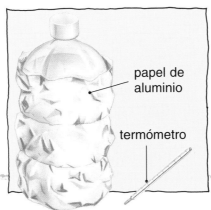

papel de aluminio

termómetro

bolsa de plástico

Hazlo tú mismo

Muchas casas pierden calor a causa de las corrientes. Comprueba si tu hogar es un lugar con muchas corrientes.

Corta un cuadrado de plástico de envolver de 14 cm x 20 cm y sujétalo con celo a un lapicero. Colócalo delante de las rendijas de las ventanas y observa si el plástico se mueve por efecto de la corriente.

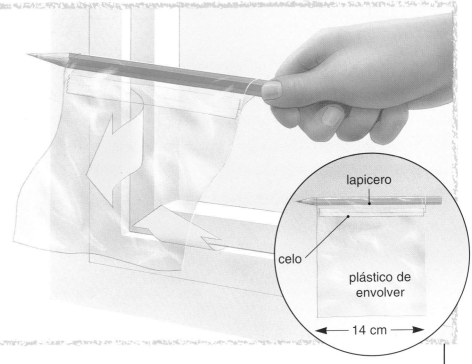

lapicero

celo

plástico de envolver

14 cm

¿Qué puedo hacer?

- Asegúrate de que tu casa esté bien aislada, de forma que no se derroche calor ni energía.
- Rellena las rendijas de las ventanas y puertas para evitar las corrientes.
- Si hace frío, ponte un jersey en lugar de encender la calefacción central.
- Utiliza siempre bombillas de bajo consumo.
- Apaga las luces que no sean necesarias.
- Compra aparatos eléctricos que consuman la menor cantidad de energía.

Esta casa emplea la energía de forma inteligente, sin apenas derrochar. El tejado de hierba actúa como aislante, guardando el calor, mientras que el pequeño estanque contribuye a refrescar la casa en verano.

estanque

93

La casa del futuro

La casa del futuro puede ser muy diferente a las que habitamos hoy. Habrá muchos elementos que ahorren energía, además de formas de utilizar fuentes de energía renovables, como el Sol. El lado soleado de la casa tendrá ventanas grandes y tal vez un invernadero para atrapar la energía calorífica. El tejado estará cubierto de paneles solares que capten la luz solar, y las tuberías subterráneas recogerán el calor de la tierra.

El diseño de esta casa reduce al mínimo el consumo de energía, ampliando el uso de fuentes de energía renovables.

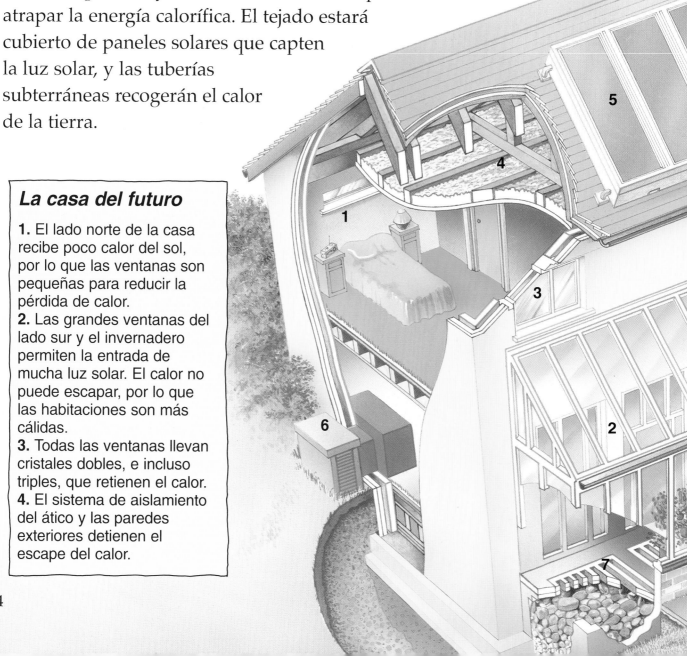

La casa del futuro

1. El lado norte de la casa recibe poco calor del sol, por lo que las ventanas son pequeñas para reducir la pérdida de calor.

2. Las grandes ventanas del lado sur y el invernadero permiten la entrada de mucha luz solar. El calor no puede escapar, por lo que las habitaciones son más cálidas.

3. Todas las ventanas llevan cristales dobles, e incluso triples, que retienen el calor.

4. El sistema de aislamiento del ático y las paredes exteriores detienen el escape del calor.

Esta casa de Suiza cuenta con tejas solares especiales. Si hiciéramos un mayor uso de la energía solar (incluso en zonas nubosas) habría menos necesidad de construir nuevas centrales energéticas.

Los coches eléctricos quizá se impongan en el futuro. La energía solar podría producir la electricidad que recargue los coches.

5. Los paneles solares del tejado atrapan la energía calorífica y la emplean para abastecer a la casa de agua caliente.

6. Un convertidor calorífico bombea el agua a través de tuberías subterráneas. En invierno, absorbe el calor de la tierra y caldea la casa; en verano, envía el calor a la tierra, manteniendo la casa fresca.

7. Un acumulador de calor situado en el suelo absorbe el calor de la tierra, utilizado para caldear el invernadero.

8. El garaje cuenta con un recargador de baterías, que «repone» el desgaste del coche durante la noche.

8

Índice

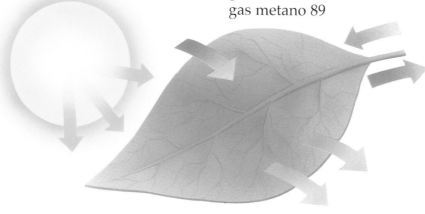

NATURALEZA
EN PELIGRO

Sobre este capítulo

Este capítulo trata sobre el mundo de la naturaleza y cómo estamos destruyendo los hábitats y dañando la flora y fauna con nuestro estilo de vida. También te da muchas ideas nuevas y experimentos sobre cómo ayudar a proteger a las plantas y animales.

Podrás encontrar casi todo lo que necesitas para hacerlo en tu propia casa o en algún jardín, parque o bosque cercano. Devuelve siempre las criaturas a su entorno después de acabar los experimentos.

Trucos para las actividades

• Antes de empezar un experimento, lee las instrucciones con atención y prepara todo lo necesario.

• Cuando hayas acabado, recoge todo, especialmente los objetos afilados como cuchillos y tijeras, y lávate las manos.

• Vas a empezar un cuaderno especial. Anota en él lo que haces y los resultados obtenidos en cada proyecto.

Contenido

Dónde viven los animales

Las plantas y animales se encuentran en casi todos los rincones de la Tierra: en el aire, sobre la tierra, bajo tierra y en el agua. Cada ser viviente pertenece a un tipo de lugar concreto, llamado hábitat. Por ejemplo, los cactus crecen en el desierto, las medusas viven en el mar y las cacatúas en las selvas tropicales. Cuando cortamos árboles para construir carreteras y granjas, o arrojamos productos químicos al medio ambiente, estamos perjudicando estos hábitats y destruyendo la vida natural.

Arrecifes en peligro

Los arrecifes de coral son el hogar de muchas criaturas y plantas marinas. Por desgracia, están amenazados por la

Existen diferentes tipos de hábitats en el mundo, desde las selvas tropicales hasta los casquetes polares. Esta ilustración muestra el tipo de animales que vive en algunos de estos hábitats.

selva tropical
jaguar

pradera
gacela

bosque de hoja caduca
ratón de bosque

río
trucha

Hazlo tú mismo

Averigua qué tipo de hábitat prefiere la cochinilla.

1. Busca algunas cochinillas bajo troncos y hojas caídas.

2. Extiende una capa fina de algodón sobre una bandeja pequeña o la tapa de una caja. Numera los cuatro cuadrantes.

3. Cubre la mitad de la bandeja con periódicos y rocía de agua las zonas 1 y 2. El algodón debería estar húmedo, pero no demasiado mojado.

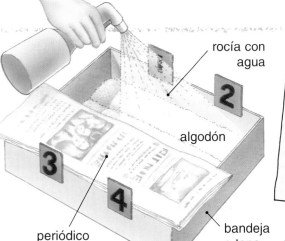

rocía con agua

algodón

periódico

bandeja o tapa

cartulina negra

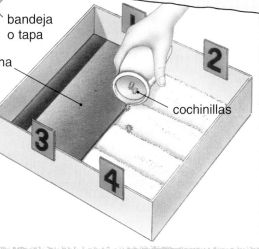

cochinillas

4. Corta un trozo de cartulina negra para cubrir las zonas 1 y 3.

5. Coloca las cochinillas en el centro de la bandeja y observa a qué zona se dirigen.

Cómo funciona

Hay cuatro zonas: (1) oscura y húmeda, (2) clara y húmeda, (3) oscura y seca, y (4) clara y seca. Las cochinillas prefieren los hábitats oscuros y húmedos, por lo que irán a la zona 1.

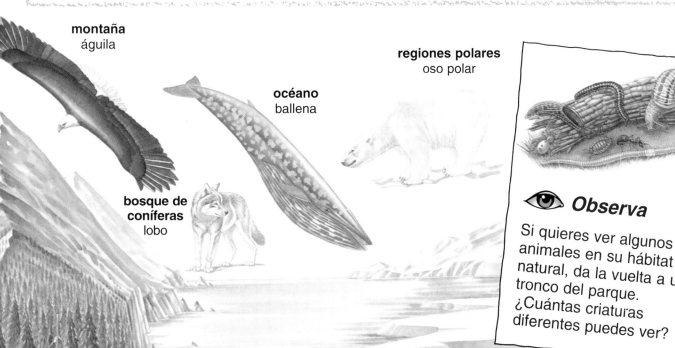

montaña
águila

océano
ballena

regiones polares
oso polar

bosque de coníferas
lobo

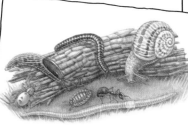

👁 Observa

Si quieres ver algunos animales en su hábitat natural, da la vuelta a un tronco del parque. ¿Cuántas criaturas diferentes puedes ver?

Equilibrio débil

Las plantas y animales que comparten el mismo hábitat dependen unas de otras para su supervivencia. Existe un equilibrio delicado que depende en gran parte de la cantidad de alimento disponible. Las plantas pueden fabricar su propio alimento, pero los animales deben encontrar alimentos «preparados». Algunos animales sólo comen plantas: son herbívoros. Otros animales se alimentan de los comedores de plantas: son carnívoros. Pero el equilibrio puede alterarse con facilidad: si los pescadores capturan demasiadas anguilas, las aves que se alimentan de éstas, morirán al no encontrar comida.

El equilibrio natural se ve alterado cuando talamos grandes zonas forestales. Los animales que dependen de los árboles para encontrar alimento y abrigo, morirán pronto.

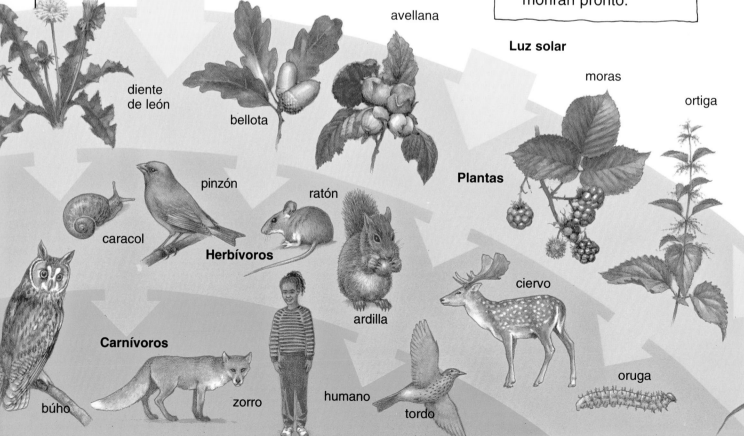

avellana

Luz solar

moras

ortiga

diente de león

bellota

Plantas

pinzón

ratón

caracol

Herbívoros

ardilla

ciervo

Carnívoros

búho

zorro

humano

tordo

oruga

Hazlo tú mismo

Observa una cadena alimenticia en acción.

1. Busca un pequeño brote con hojas que tenga unos cuantos pulgones. (Prueba entre las rosas.) Coloca el brote en una botella de agua pequeña y cubre la boca de la misma con papel tisú.

2. Introduce la botella en un bote de cristal grande. Cubre la parte superior con una tela fina: un pañuelo viejo o un par de medias. Ajústala con una goma elástica.

3. Observa los pulgones durante unos días con una lupa. ¿Puedes verlos chupar los jugos de la planta?

4. Mete una mariquita en el bote y observa cómo se come a los pulgones. ¿Qué animal es el herbívoro y cuál el carnívoro?

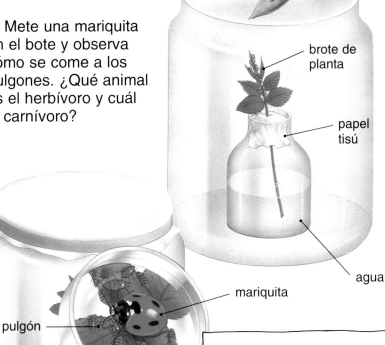

brote de planta

papel tisú

agua

mariquita

pulgón

Una cadena alimenticia forestal

El diagrama de la izquierda muestra «quién come a quién» en un hábitat forestal. La energía para la vida tiene su origen en el sol. Las plantas utilizan la energía solar para fabricar alimento. Los herbívoros (en la banda naranja) comen las plantas y sirven de alimento a los carnívoros. Elige una cadena alimenticia simple: por ejemplo, una bellota es la comida del ratón, que, a su vez, es la comida del búho. ¿Se te ocurre alguna otra? (En la página 32 encontrarás más ejemplos.)

Un equilibrio delicado

Los cernícalos son depredadores de ratones. Cuando hay muchos ratones, el cernícalo encuentra alimento y cría sin problemas. Pero si la población de ratones disminuye, también lo hará la de cernícalos.

Problemas de contaminación

Los desechos son una amenaza para la fauna. En la naturaleza, los materiales de desecho como las plantas y animales muertos se descomponen y reciclan con rapidez. Pero gran parte de los desechos que producimos son dañinos y difíciles de eliminar. Estos desechos se denominan contaminación. Las fábricas y coches producen contaminación muy perjudicial. Despiden humos que convierten la lluvia en ácida. La lluvia ácida ha acabado con millones de árboles. Si queremos proteger el medio ambiente, debemos aprender a reducir la contaminación que producimos.

Hay basura por todas partes: en el hogar, en las carreteras, en las ciudades y en las granjas. Enterramos basura en el campo, vertimos residuos líquidos a ríos y océanos y expulsamos humos tóxicos al aire.

lluvia ácida

humos industriales

fertilizantes químicos

basura

Basura que mata

La basura puede ser peligrosa para la fauna. En ocasiones, los animales pequeños, como ratones y campañoles, husmean en las botellas y después no pueden salir. Sin alimento, pronto morirán.

humo del transporte

residuos líquidos de fábricas

¿Qué puedo hacer?

- No tires basura. Puede convertirse en una trampa.
- Reduce la contaminación viajando menos en coche. Usa la bicicleta o camina en los viajes cortos.
- Si ves algún foco de polución, escribe una queja a tu ayuntamiento.

Floración de algas

A veces, encontramos una espesa cubierta de algas flotando sobre un río o estanque. Esto es una floración de algas. Con el tiempo, lleva a la muerte de los peces. Estas floraciones ocurren cuando los fertilizantes de los campos se filtran a los ríos, provocando un rápido crecimiento de las algas.

Hazlo tú mismo

Averigua el grado de contaminación de un arroyo o estanque, descubriendo qué criaturas viven en el agua.

Captura con una red algunos animales diminutos. Emplea esta tabla para identificar las criaturas y comprobar la contaminación del agua.

Algunos animales no soportan el agua contaminada. Si los encuentras, el agua está limpia. Otros sobreviven en agua muy contaminada.

QUÉ BUSCAR		
larva de cachipolla	larva de mosca de las piedras	Sin contaminación
larva de frígano	camarón de agua dulce	Contaminación ligera
piojo de agua	gusano de sangre	Contaminación media
tubifex	gusano de cola de rata	Contaminación grave
no hay vida		Muy grave

En la página 15 aprenderás a fabricar y usar una red de pesca.

Bosques maravillosos

Los bosques son hábitats importantes, ya que son el hogar de muchas plantas y animales diferentes. Las hojas y ramas de los árboles forman una cúpula elevada que proporciona abrigo y alimento a pájaros y mamíferos. Las hojas y desperdicios vegetales cubren el terreno, que está lleno de inquilinos como arañas, escarabajos, ciempiés y cochinillas. Cuando se talan bosques para construir carreteras, fábricas, granjas y ampliar las ciudades, todos estos animales maravillosos pierden su hogar.

Hazlo tú mismo

Planta una semilla.

1. Llena un tiesto pequeño con abono. Haz un agujero en el abono de unos 4 cm de profundidad. Introduce una semilla en el hueco y cúbrela de tierra.

2. Coloca el tiesto en un lugar soleado y mantén húmeda la tierra. En primavera, tendrás un hermoso pimpollo. Excava un agujero en el exterior en un lugar sombreado y planta en allí tu árbol con su tierra.

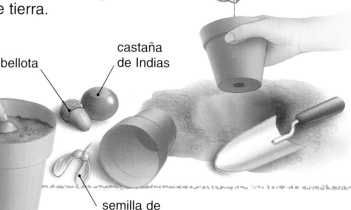

bellota

castaña de Indias

pimpollo

semilla de sicomoro

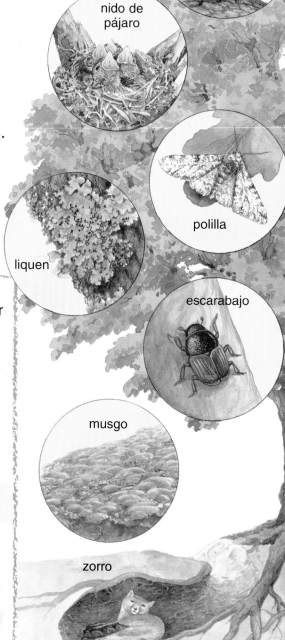

ardilla

nido de pájaro

polilla

liquen

escarabajo

musgo

zorro

pájaro
carpintero

oruga

trepatroncos

Esta ilustración muestra
algunos de los animales y
plantas que viven en un roble.
Las plantas pequeñas crecen
en el tronco. Los insectos se
mueven entre las ramas. Los
mamíferos pequeños vienen
en busca de alimento y abrigo.
Y muchas aves construyen
sus nidos en los árboles.

Hazlo tú mismo

Averigua todo lo que puedas sobre algún árbol cercano. Anota los resultados en un cuaderno de campo.

1. Haz una fotografía de tu árbol en cada estación. Colócate siempre en el mismo lugar para obtener la misma perspectiva.

2. Recoge una rama de invierno, un brote de primavera, una flor de verano y un fruto o semilla de otoño.

fotografías

3. Averigua la edad de tu árbol midiendo el contorno del tronco a 1 m del suelo. Cuenta un año por cada 2,5 cm.

muestra
de hoja

4. Toma muestras de las hojas y el tronco con una pintura de cera. Además, guarda algunas hojas en tu cuaderno: una por cada estación.

5. Utiliza una guía de campo para identificar el tipo de plantas y animales que viven en torno a tu árbol.

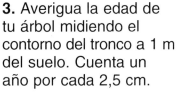

muestra
de tronco

Bosques en peligro

Los árboles son plantas muy útiles. Además de ser el hogar de animales e insectos, su madera puede utilizarse para fabricar papel, contruir casas y muebles, y como combustible. Cuando las plantas fabrican alimento de la luz solar, consumen un gas llamado dióxido de carbono y liberan oxígeno. Los humanos inspiramos oxígeno y espiramos dióxido de carbono, y los árboles contribuyen al equilibrio de estos gases en el aire. Aun así, los bosques de todo el mundo están siendo talados para obtener madera o zonas de cultivo.

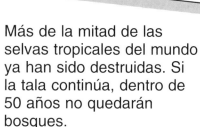

Más de la mitad de las selvas tropicales del mundo ya han sido destruidas. Si la tala continúa, dentro de 50 años no quedarán bosques.

Observa

Entra en cada habitación y comprueba cuántas cosas proceden de árboles. Éstas son algunas ideas.

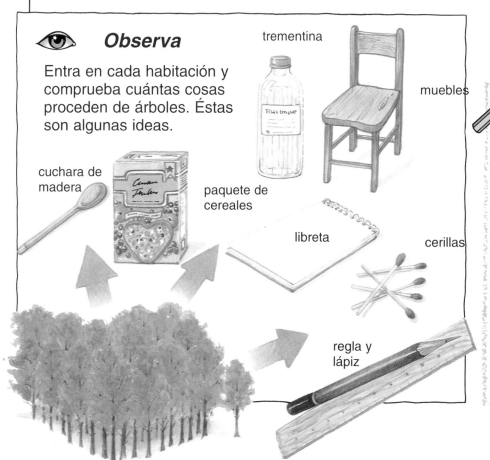

trementina

muebles

cuchara de madera

paquete de cereales

libreta

cerillas

regla y lápiz

Hazlo tú mismo

Comprueba que las plantas despiden un gas.

1. Llena de agua un cuenco o pecera. Coloca un vaso dentro del agua y gíralo para que escape el aire.

2. Introduce algunas plantas acuáticas en el vaso sin dejar que entre aire. (Puedes comprarlas en una tienda de animales.)

Medicinas del bosque

¿Sabías que muchas medicinas están compuestas de plantas tropicales? Las medicinas extraídas de esta vincapervinca se emplean para tratar la leucemia. Las selvas tropicales contienen la esperanza de cura de muchas vidas.

vincapervinca

Las selvas tropicales son el hogar de al menos tres cuartos de la fauna mundial. Aquí viven millones de diferentes clases de animales y plantas. Muchas de ellas aún no han sido descubiertas.

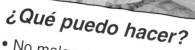

¿Qué puedo hacer?

- No malgastes papel: estás malgastando árboles.
- Recoge periódicos y cartón para reciclar.
- Al comprar muebles, deberíamos comprobar que no están fabricados con maderas tropicales, como teca o caoba.

4. Deja la pecera durante unos días en un lugar soleado. Observa cómo el gas de la planta sube en forma de burbujas y se acumula en la parte superior del vaso. Este gas es oxígeno, producido por la planta al fabricar alimento.

3. Coloca el vaso boca abajo, sujetándolo con tres pelotitas de plastilina. Asegúrate de dejar un pequeño espacio bajo el vaso.

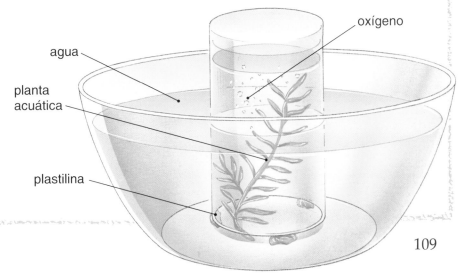

oxígeno

agua

planta acuática

plastilina

109

Ríos, estanques y lagos

El agua dulce limpia es el hogar de una gran variedad de fauna. Animales como peces, caracoles, cangrejos e insectos viven en el agua, libélulas y cachipollas planean sobre la superficie, aves acuáticas viven en las cercanías, y plantas acuáticas florecen en las orillas. Sin embargo, muchos de nuestros ríos, estanques y lagos están contaminados por productos químicos procedentes de granjas y fábricas. A veces, sólo las plantas y animales más duros sobreviven en el agua sucia.

Un río sano rebosa vida dentro y fuera del agua. Un río contaminado apenas posee vida. El agua sucia apesta y puede estar llena de todo tipo de basura. Las algas pueden llegar incluso a cubrir la superficie.

¡Ojo al pescador!

Las aves se enredan en los sedales que los pescadores descuidados dejan en las orillas. Los pájaros pueden morir si el sedal les llega a ahogar.

floración de algas

basura

garza

lirio

martín pescador

libélula

trucha

escarabajo acuático

cangrejo

pez espinoso

pececillos de agua dulce

caracol de agua

110

Campaña de limpieza

Muchos jóvenes emplean su tiempo libre ayudando a limpiar ríos o estanques. Averigua si existe alguna campaña de limpieza en tu localidad a la que te puedas unir.

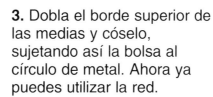

Hazlo tú mismo

Fabrica tu propia red de pesca.

1. Pide a un adulto que corte un trozo, de unos 70 cm de largo, de una percha metálica. Forma un círculo con el alambre, dejando 5 cm en cada extremo, e introduce éstos en un palo de bambú. Sujeta el círculo con cinta aislante.

2. Corta las piernas de un par de medias. Cose la parte de la cintura, de forma que obtengas una «bolsa».

3. Dobla el borde superior de las medias y cóselo, sujetando así la bolsa al círculo de metal. Ahora ya puedes utilizar la red.

4. Lleva contigo una lupa y un recipiente grande de plástico para guardar los animales. No cojas las criaturas capturadas con los dedos: podrías aplastarlas. Da la vuelta a la red y sumérgela en el agua del recipiente. No olvides devolver los animales a su entorno una vez finalizada su observación.

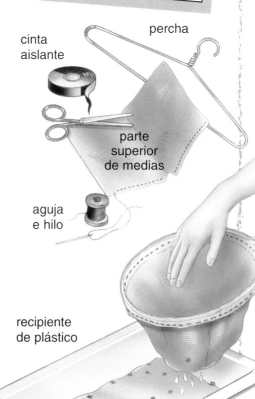

cinta aislante

percha

parte superior de medias

aguja e hilo

recipiente de plástico

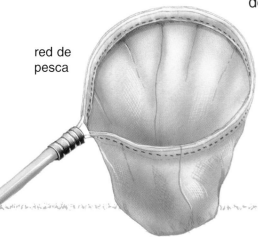

red de pesca

lupa

Salvemos los mares

En la actualidad, los mares están amenazados. Dependemos de los mares para el abastecimiento de alimentos como el pescado. Sin embargo, estamos capturando demasiado pescado, lo que ha reducido su número. La contaminación es otro gran problema. Durante muchos años, se creyó seguro arrojar los desechos al mar, ya que se diluirían. Pero los venenos no desaparecen y afectan a la salud de los animales marinos. En todo el mundo, mueren delfines y focas a causa de nuevas enfermedades, mientras que otros peces desarrollan protuberancias extrañas en la piel.

Océano Pacífico

Casi tres cuartos de la superficie terrestre están cubiertos de agua. Aun así, logramos contaminarla y poner en peligro la vida acuática.

Algunos animales como los delfines, tortugas y tiburones quedan atrapados en las redes de pesca. Las redes de arrastre son como bolsas y las traínas como cortinas. Ambas pueden ser trampas mortales. Los palangres son mejores, ya que sólo capturan los peces deseados.

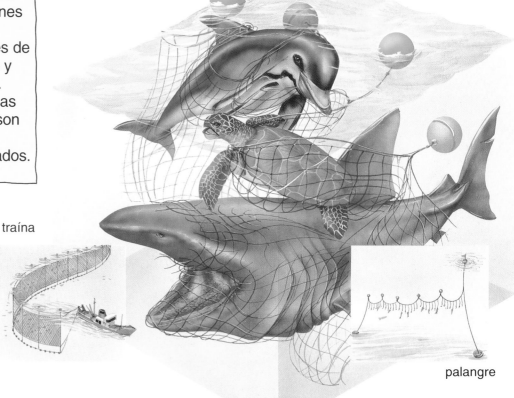

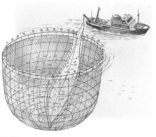

bou o red de arrastre   traína

palangre

112

Hazlo tú mismo

Comprueba cómo el aceite daña las plumas de un ave.

1. Coge dos plumas. Impregna un algodón con unas gotas de grasa de bicicleta o aceite lubricante y frota con él una pluma.

2. Vierte unas gotas de agua sobre las dos plumas y observa lo que ocurre.

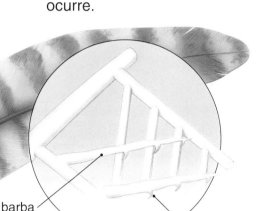

pluma limpia

pluma con aceite

pluma

barba

gancho

Cómo funciona

El agua se desliza sobre la pluma limpia, ya que es resistente al agua. El aceite destruye esta propiedad: el agua cala la pluma aceitosa y destruye su forma. Las aves con plumas aceitosas no pueden volar y mueren de frío y hambre.

Más cosas para intentar

Las barbas de una pluma están unidas por ganchos, como el «velcro». El aceite daña las plumas: estropea los ganchos, impidiendo a las aves remontar el vuelo. Observa con una lupa los ganchos de una pluma. Ábrelos y vuélvelos a unir, como una cremallera. Este efecto es muy útil, porque incluso si las plumas se separaran en una tormenta, el ave siempre puede cerrarlas y arreglarlas con el pico.

Los barcos petroleros transportan millones de toneladas anuales de petróleo alrededor del mundo. Cuando ocurre un accidente, el petróleo se extiende por el mar, donde causa terribles daños a la fauna. Miles de aves marinas pueden morir. Si las aves son rescatadas a tiempo, se las lava con detergentes para eliminar el aceite de sus plumas.

La agricultura contraataca

La población mundial ha aumentado vertiginosamente a lo largo de los dos últimos siglos, y no parece detenerse. Todas estas bocas necesitan alimento y la agricultura ha de dar respuesta a esta demanda. Para ello, se destruyen hábitats naturales que dan paso a enormes campos, se emplean fertilizantes para aumentar la producción, y se combaten las plagas con pesticidas. Sin embargo, todos estos productos químicos son contaminantes y los pesticidas acaban con mucha más vida que la de las plagas.

De corral

Muchos animales de granja viven encerrados, sin espacio para moverse. Pero algunos granjeros dejan a sus animales vivir libres en corrales. Estos animales se llaman «de corral».

Reservas naturales

Para evitar los pesticidas, algunos agricultores cultivan pequeñas reservas de bosque en las esquinas de sus campos. Muchos de los animales que viven allí se alimentan de las plagas.

En una granja, los campos grandes suelen plantarse con una sola cosecha y rociarse con productos químicos. Muy pocas plantas o animales pueden vivir allí.

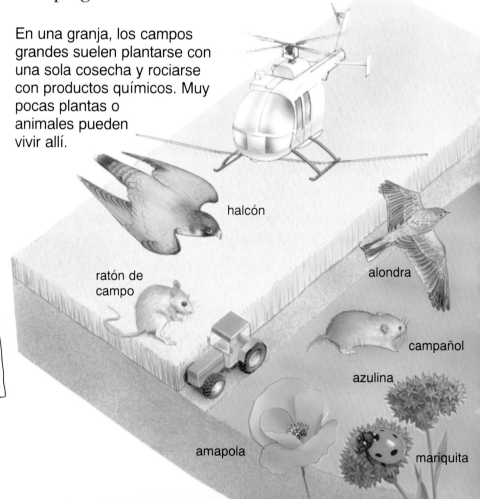

halcón

ratón de campo

alondra

campañol

azulina

amapola

mariquita

¿Qué puedo hacer?

- Come alimentos orgánicos: cultivados sin productos químicos.
- Come huevos y carne de corral: los animales de los que proceden viven en condiciones dignas.

Las cosechadoras regogen las cosechas. Sin embargo, destruyen los animalillos que se cruzan en su camino.

Comparados con los campos de cultivo, los bosques y prados rebosan vida. Es muy importante proteger estos hábitats.

halcón

rana

onejo

mariposa

prímula

margarita

Hazlo tú mismo

Los gusanos son amigos de los agricultores. En su avance por la tierra, la mezclan y permiten la entrada de aire. Esto mantiene sano el terreno. Observa cómo trabajan en esta «fábrica de gusanos».

1. Coge un bote grande de cristal y llénalo con tres capas de tierra diferente: gravilla o arena, barro de un arroyo y tierra de tiestos.

2. Añade una capa de hojas. Coloca después cuatro o cinco gusanos en la superficie.

3. Forra el tarro con cartulina negra para mantenerlo oscuro. Asegúrate de que la tierra esté siempre húmeda. Comprueba lo que ha ocurrido después de uno o dos días.

115

Naturaleza urbana

 Observa

Las ciudades modernas son auténticas junglas de cemento y asfalto. Un hábitat urbano es muy diferente de un hábitat natural, como un bosque. Sin embargo, es posible encontrar fauna incluso en el centro de las ciudades más ajetreadas del mundo. Los animales llegan a las ciudades atraídos por una fuente inacabable de alimentos, como la comida que tiramos a la basura. Muchas aves y mamíferos construyen sus hogares en los parques y carreteras con árboles, mientras que otros animales como ratas y ratones viven bajo las ciudades en alcantarillas y desagües.

Intenta descubrir habitantes urbanos. Los muros viejos pueden ser el hogar de una infinidad de plantas y animales. ¿Cuántas criaturas has encontrado viviendo en una pared?

Las ciudades pueden ser el hogar de algunos inquilinos poco habituales como alces, monos, mapaches y zorros. Otros animales, como ratas y ratones, son habitantes más comunes.

ratas

alces en ciudades escandinavas y canadienses

zorro

palomas

monos vervet en ciudades de África

las cigüeñas anidan en los tejados de las ciudades europeas

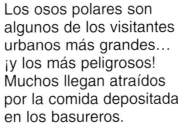

Los osos polares son algunos de los visitantes urbanos más grandes… ¡y los más peligrosos! Muchos llegan atraídos por la comida depositada en los basureros.

Hazlo tú mismo

Atrae pájaros al parque o al patio del colegio.

Para hacer un pastel de coco, derrite 250 mg de manteca o sebo. Añade 500 g de pasas, cacahuetes, pan, migas, pipas y avena. Coloca la mezcla en el interior de una cáscara de coco partida a la mitad y déjalo reposar antes de colgarlo en el exterior.
Fabrica una tira de cacahuetes enhebrándolos con una aguja grande en un hilo resistente.

tira de cacahuetes

pastel de coco

en algunas ciudades de EE UU es posible encontrar mapaches

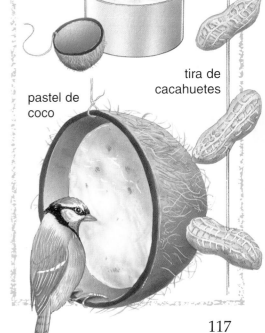

La vida en la carretera

Las carreteras llegan a casi cualquier lugar. Los márgenes, o cunetas, a veces se plantan con hierba y árboles para hacerlos más atractivos. A pesar de la contaminación de los humos de los coches, las cunetas suelen estar libres de pesticidas. Por ello, estos lugares han supuesto hábitats nuevos para muchas plantas y animales. Las plantas atraen insectos, aves y mamíferos. Algunos pájaros se alimentan de insectos muertos que chocan contra los parabrisas. Otras aves y zorros se alimentan de animales muertos en la carretera.

cernícalo

¡Precaución!

Hay señales de tráfico que previenen de animales que cruzan la carretera. Esto protege la vida animal y evita accidentes.

Las cunetas de las carreteras atraen a muchas plantas y animales a los que no les importa vivir cerca del tráfico.

zorro

abeja

Salva un sapo

En primavera, los sapos viajan a los estanques para criar. Muchos mueren al cruzar las carreteras. La gente los ayuda transportándolos hasta el otro lado.

conejo

mariposa

erizo

campañol

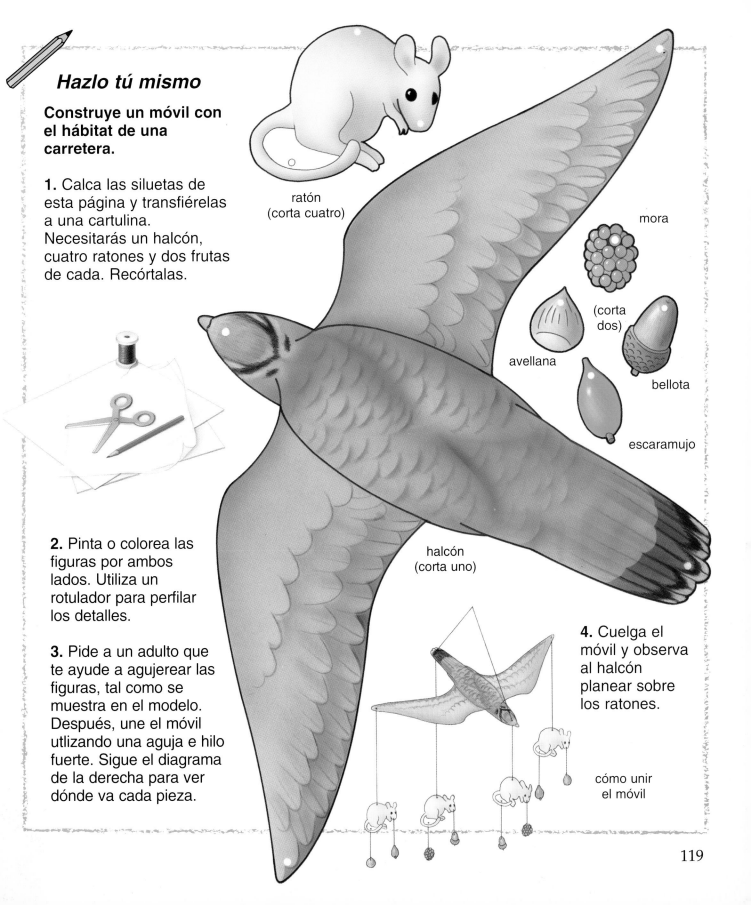

Hazlo tú mismo

Construye un móvil con el hábitat de una carretera.

1. Calca las siluetas de esta página y transfiérelas a una cartulina. Necesitarás un halcón, cuatro ratones y dos frutas de cada. Recórtalas.

ratón
(corta cuatro)

mora

avellana

(corta dos)

bellota

escaramujo

2. Pinta o colorea las figuras por ambos lados. Utiliza un rotulador para perfilar los detalles.

halcón
(corta uno)

3. Pide a un adulto que te ayude a agujerear las figuras, tal como se muestra en el modelo. Después, une el móvil utlizando una aguja e hilo fuerte. Sigue el diagrama de la derecha para ver dónde va cada pieza.

4. Cuelga el móvil y observa al halcón planear sobre los ratones.

cómo unir el móvil

Caza y coleccionismo

Los humanos llevamos siglos cazando animales para conseguir alimento y pieles. En la actualidad, se cazan animales por deporte o por sus cuernos, colmillos, huesos o pieles. La caza y el coleccionismo amenazan la supervivencia de muchas criaturas. Ahora existen leyes que protegen a algunos animales, como la ley que prohibe el comercio de marfil de elefante. Desgraciadamente, a pesar de estar protegidos por la ley, todavía se cazan animales como los felinos. Los cazadores furtivos pueden ganar mucho dinero vendiendo la piel.

 Observa

Cuando vayas de vacaciones, busca recuerdos que procedan de animales salvajes, como adornos de marfil, bolsos de piel de cocodrilo, corales, y conchas. ¿Comprarías alguno de ellos?

Los colmillos de elefante son de marfil. Miles de elefantes africanos han muerto a manos de los cazadores furtivos. Ahora, el comercio de marfil está prohibido y la caza se ha detenido.

Hazlo tú mismo

Cazar animales puede ser cruel, pero rastrearlos no y, por el contrario, puede ser muy divertido.

Cuando salgas al campo, busca señales que hayan dejado los animales. Intenta averiguar qué tipo de animales eran. Presta atención a los mechones de pelo, plumas, huellas, restos de comida, rastros en la hierba y excrementos.

¿Qué puedo hacer?

- No colecciones huevos de ave, mariposas, flores silvestres ni ningún otro ser viviente.
- Si recoges animales como caracoles o criaturas acuáticas para estudiarlos, retenlos el menor tiempo posible y no olvides devolverlos a su hábitat natural.
- No mates a ningún animal sólo porque no te guste: las arañas, polillas y babosas son tan importantes como los animales grandes.

Se han cazado demasiados felinos, como leopardos o tigres, para conseguir su hermosa piel. La piel sólo es bonita si la lleva el felino, no si la lleva una persona.

huellas de rata

avellana comida por una ardilla

avellana comida por un ratón

pelo enganchado en una alambrada

excrementos de zorro

huellas de ardilla (patas traseras)

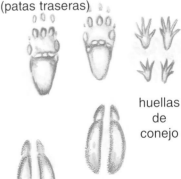

huellas de conejo

piña comida por una ardilla

excrementos de ciervo

excrementos de conejo

huellas de ciervo

Los mamíferos pequeños tienen su propia forma de comer frutos secos y piñas. Busca estas señales.

Los excrementos animales son fáciles de reconocer por su forma. Busca también pelo enganchado en alambradas.

Cada animal posee sus propias huellas. Son más visibles en el barro o la nieve. Intenta localizar algunas.

huellas de zorro

121

Fauna amenazada

Muchas plantas y animales han desaparecido por completo de la faz de la Tierra, es decir, se han extinguido. A veces, esto ocurre de forma natural. Los dinosaurios perecieron tal vez a causa de un repentino cambio climático. Pero muchas especies se han extinguido por culpa de los humanos. La destrucción del hábitat es la mayor amenaza para la fauna. Ha provocado que animales como el panda estén en peligro. Esto significa que tan sólo quedan unos cuantos miles de ejemplares, o quizá menos, en todo el mundo.

Las organizaciones como Greenpeace intentan proteger a los animales amenazados, en este caso, las ballenas.

¡Extinguido!

El dodó era un pájaro sin vuelo que vivía en la isla Mauricio. El último fue abatido en el siglo XVIII.

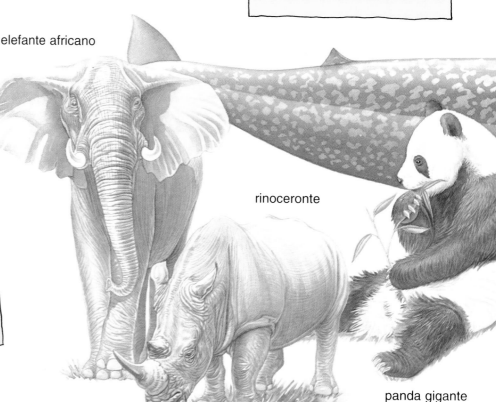

elefante africano

rinoceronte

panda gigante

De vuelta a casa

En otro tiempo, los lobos eran algo común en Europa y EE UU. Pero atacaban al ganado y los granjeros los disparaban. Ahora se están volviendo a introducir en lugares donde solían vivir libres.

Código silvestre

La mayoría de nosotros podemos hacer poco para ayudar a los tigres y ballenas, pero todos podemos ayudar a conservar la fauna que nos rodea siguiendo unas cuantas reglas sencillas cuando salimos al campo.

Muchos animales muy conocidos están amenazados. Si no protegemos a estos animales y conservamos sus hábitats, pronto desaparecerán para siempre. Intenta imaginar el mundo sin tigres, elefantes, pandas y ballenas.

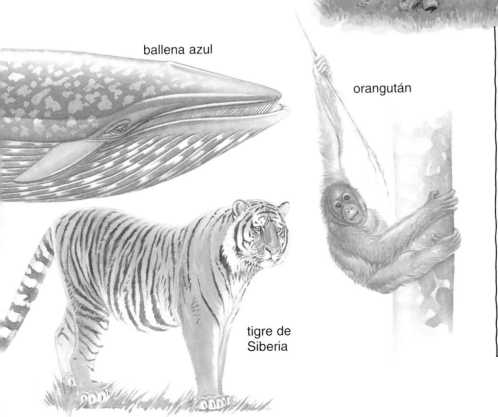

ballena azul

orangután

tigre de Siberia

- No cojas flores silvestres, aun cuando haya muchas.
- Mantente en los caminos para evitar pisar las flores.
- Lleva a tu perro con correa si hay animales o nidos alrededor.
- Cierra las vallas para que no se escapen los animales de la granja.

Los zoos de hoy

Durante mucho tiempo, los zoos eran simplemente lugares donde se guardaban animales en jaulas para el entretenimiento del público. Sin embargo, el zoo moderno juega un papel mucho más importante. Muchos zoos crían animales amenazados. Con frecuencia, ésta es la única forma de evitar la extinción de un animal. Con el tiempo, tal vez puedan liberar algunos de estos animales en su medio.

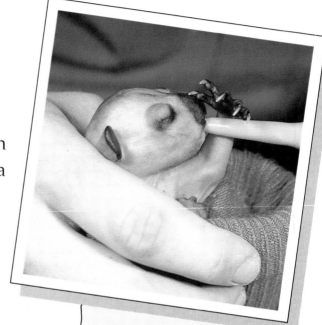

A veces, una madre abandona a su cría, y los encargados del zoo tienen que criarla. Este bebé koala tiene tan sólo unos días de vida.

Los zoos modernos tienen espacios grandes donde los animales viven juntos. Este oso pardo está pescando un salmón en un arroyo del lugar donde está recluido. Los zoos antiguos tienen jaulas pequeñas. Los animales disfrutan de poco espacio y carecen de compañía.

Mascotas exóticas

En la actualidad, los humanos tenemos muchas mascotas exóticas, como serpientes, monos y arañas. En el pasado, era común tener animales que actuaban como atracciones. Delfines, elefantes, leones y muchos otros eran entrenados para realizar trucos. Pero la crueldad de sus dueños hizo que esta actividad perdiera popularidad.

Osos actores

En otro tiempo, los osos eran encadenados y obligados a actuar en las calles. Esto apenas ocurre hoy en día.

pinzón

mono colobo

tarántula

loro

pitón

Muchas mascotas proceden de lugares lejanos. En ocasiones, son capturadas en su medio y transportadas al otro lado del mundo para su venta. Muchas mueren durante el largo viaje.

Hazlo tú mismo

Cuida de unos caracoles durante unos cuantos días.

1. Coge la tapa de una lata de pastas. Corta una tira de acetato de 30 cm de ancho y un largo que rodee la tapa. Coloca el acetato en la tapa y sujétalo con cinta adhesiva. Recorta una tapa de acetato y agujeréala.

2. Llena la pecera de tierra, piedras, hojas y ramas, y añade los caracoles. Cubre la pecera con la tapa de acetato. Mantén húmeda la pecera y procura que a los caracoles no les falten hojas para comer.

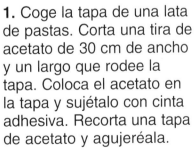

acetato

tapa de lata

piedras

cinta adhesiva

125

Construye una reserva natural

Es fácil atraer fauna al jardín, sobre todo aves. Los setos y plantas trepadoras ofrecen abrigo a los pájaros, la tapa de un cubo de basura servirá de zona de baño, y plantas como cardenchas y cardos proporcionarán alimento. Deja crecer la hierba si pretendes atraer insectos: prefieren la hierba alta. Un simple montón de troncos y tiestos puede ser el hogar de un sorprendente número de animales.

Atrae mariposas

- Las budleias, amapolas, escabiosas y lavandas son buenas para atraer mariposas, que buscan su dulce néctar.
- Las ortigas, hierbas de Santiago y coles son el alimento perfecto para las orugas.

Convierte un rincón de tu jardín en una reserva natural. Construye un estanque que atraiga a criaturas, desde caracoles y libélulas hasta ranas, tritones y, tal vez, algún pato. Los troncos alojarán insectos, arañas y sapos. Una pila de abono de desperdicios de cocina y hierba será el hogar de gusanos y culebras.

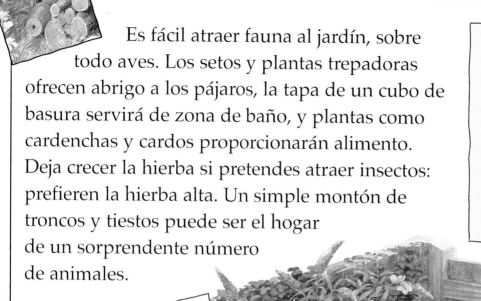

Hazlo tú mismo

Construye un estanque para atraer criaturas acuáticas.

1. Excava un agujero de unos 50 cm de profundidad y 1,5 m de diámetro. Da inclinación a las paredes.

2. Forra el agujero con arena (unos 6 cm de profundidad) o con capas de periódico. Cúbrelo con un cuadrado de plástico de unos 2 metros.

3. Sujeta el plástico con piedras, tal como muestra la ilustración.

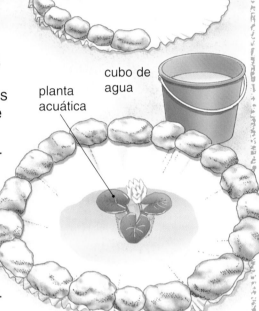

excava un agujero

piedras

plástico grueso

cubo de agua

planta acuática

4. Compra una planta acuática, como un nenúfar, y ponla en el centro de tu estanque. Necesitarás otras plantas más pequeñas que aporten oxígeno al agua. Llena el estanque de agua.

5. Comprueba el estanque cada semana para ver qué animales nuevos se han instalado en él. No olvides mantener el nivel de agua en el tiempo seco.

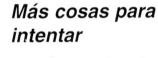

Más cosas para intentar

Si tu casa no tiene jardín, puedes atraer fauna colocando una jardinera llena de flores en el alféizar de una ventana. Las plantas como los alhelíes, minutisas, tomillo, petunias y carraspiques proporcionan colorido y aroma, y atraerán numerosos insectos, sobre todo mariposas.

Índice

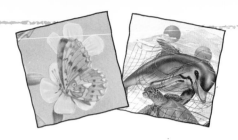

**Cadenas alimenticias
(página 102–103)**
Éstas son algunas cadenas
alimenticias que puedes
seguir:
ortiga–oruga–tordo;
hierba–ciervo–humano;
avellana–ardilla–zorro;
mora–pinzón–búho; diente
de león–caracol–tordo.